「小学校1・2年生と考え、議論する楽しい道徳をつくる」

JN032837

筑波大学附属小学校

加藤宣行 著

明治図書

はじめに

　道徳授業に限らないかもしれませんが，子どもたちに何かできないことがあると，自ら言い聞かせるように，「低学年だから……」というような言い方をすることがないでしょうか。

　でも，「低学年だからできない」「まだ無理」と考えるか，「低学年だって」「低学年だからこそ」と考えるかで，結果は大きく変わってくるような気がします。

　私の勤務する筑波大学附属小学校は，幸いなことに１年生から６年生までの担任を持ち上がりで行うチャンスがあります。途中でクラス替えはあるものの，基本３年間は同じ学級の担任をするのです。ですから，これまでも１年生で受け持った子どもたちを，クラス替えがなく３年生まで持ち上がることができました。もちろん，毎年担任を替える学校があることも承知しておりますし，どちらにも一長一短があることでしょう。どちらのシステムがよいかということは言えません。けれど，子どもたちの成長を同じクラスで３年間見続けることができるからこそ，見えてくるものがあることも確かでしょう。

　その３年間の中でも，特に初めの１，２年で何を大事にするかということは，その後の人生の中でも大きなウエイトを占めるような気がします。

　本書は，私の経験をもとに，そのような「初めての２年間」つまり低学年時代を中心にまとめました。そして，そ

の２年間があったからこその，次の１年間，つまり３年生
での飛躍をも含めてかかせていただきました。

　道徳の学習を中心にかきましたが，他教科・他領域にお
ける道徳教育と言われるように，すべての教育活動の中に
おいて土台となりうるものです。さらには，学級づくりや
家庭生活，日常生活，ひいては小学校卒業後の生き方にま
で及ぶものだと思っています。

　本書を通して，この貴重な２年間をどのように過ごすこ
とが，子どもたちにとって宝物の時間とすることができる
のか，読者の皆様が目の前の子どもたちを思い浮かべなが
ら想像し，ご自身なりの教師像を創造していただけること
を願っております。

Contents

はじめに

序章 　1・2年生とともに 道徳授業をつくる

１章　10のポイントを意識した１・２年生の道徳授業

２章　１・２年生を道徳好きにする３つのこと

①１年生での学びを実感させる

②お兄さん・お姉さんを実感させる

③してもらう側からする側へ　立場を変えて考えさせる

3章　１・２年生の授業と子どもの反応

4章　押さえておきたい授業の技

①板書の視覚化・構造化

5章　考え抜く発問のポイント

6章　道徳教育と学級づくり

終章　未来へつなげる

序章

1・2年生とともに
道徳授業をつくる

はじめの一歩の道徳授業

　１，２年生，いわゆる低学年の道徳授業はどのようなものが望ましいのでしょうか。私はこの原稿執筆現在，１年生からの持ち上がりで２年生の担任をしており，当然ながら道徳の授業を毎週しております。

　おかげさまで，子どもたちは道徳の授業を大好きと言ってくれています。毎週の道徳授業を楽しみにしてくれており，行事等で授業ができないと，「先生，今日の分の道徳はいつやるの？」と子どもたちの方から聞いてきます。時数管理を子どもたちがしてくれている感じです。

　教科の中で何が好きかというアンケートを取ったところ，道徳を大好き，または好きと答えた子は全体の94％でした。その理由として主なものは，次のようでした。

- ・学校や家で，道徳で習ったことを見つけると，とてもうれしくなる。
- ・クラスの友だち同士が，やさしくなれる。
- ・間違いがない。
- ・世界が広がっていくよう思える。
- ・心がきれいになった気がする。
- ・自分がレベルアップしていると実感できる。
- ・みんなの意見を聞いて，自分の考えを見つめなおす

　　ことができる。
・みんなと一緒に考えると，「確かに」が多くて，黒
　板を埋めつくすくらいの意見が出て，色々な考えを
　もつことができていいと知ることができる。

中には次のようなものもありました。

　友だちとすれちがったときや，くり返し練習しても
うまくいかないときは，やわらかく前を向けるまほう
の薬に。
　そうじやあいさつなど何気なく毎日していることの
もつ意味に気づかせてくれるときは，一日一日をかが
やかせてくれる私だけの太陽に。形を変えて，ずっと
近くでよりそってくれるのが道徳です。　　　　（H）

　Hさんは，
こんなこともかいています。

道徳は，人生の土台
だと思っています。

私はこれを見たとき，いろいろな意味で驚いてしまいました。Ｈさんは，道徳科は他の教科と同等には語れないと言っているのです。

　さらに，「土台」という言葉を使って，道徳の本質に言及しています。確かに道徳授業は要の時間と言われるように，すべての教科・領域のベースにあるものではないでしょうか。やはり２年生のＫ君が日記に次のようなことをかいています。

> 　今日，昼休みに教室で走り回るあそびをしている人がいて，ぼくも「Ｋ君もやろう」と言われました。でも，教室を走り回るのはだめだなと思いました。ぼくは，道徳を週に一度やっていてよかったなと思いました。これからも100回以上道徳のじゅぎょうをして，もっとこれはやっていいかをはんだんしてやりたいなと思います。道徳は大事だなと思います。　　　（Ｋ）

　道徳の時間に学んだことが，自分自身の日常に生きてくる。支えとなってくれる。そのような手ごたえと自覚をもちながら授業に臨めば，「一を聞いて十を知る」ではないですけれど，それは大きな学びを得ることができるようになるのではないでしょうか。

　このようなところからも，子どもたちが道徳好きになった理由，つまり子どもたちを道徳好きにするためのポイントが見えてくると思います。

　ところで，アンケートで「好きではない」と答えた子も
います。意外と思われるかもしれませんが，それはそうで
しょう。また，好きではない理由を読んでみると，もっと
もなことで，これまた大事な教師の振り返りの材料となり
ます。

・むずかしいです。どんどんちがうテーマになって，
　考える時間が短いから。
・授業は好きだけど，まとめがあまりとくいではなく，
　めんどうくさいと思ってしまうことがあるから。い
　つか大好きと言えるようにがんばります。

　なるほど，そういうことかと思わされる意見です。
　この子たちの思いを察するに，道徳が「きらい」という
ことではないようです。それよりも，もっと考えたい，も
っと好きになりたい，そのためにジレンマを感じている自
分がいるという思いの表れでしょう。
　少し話がそれるかもしれませんが，「○○がきらい」と
表立って言う子はいます。でもそれは，「本当は好きにな
りたい」という思いの裏返しだと思っています。実際，ま
るでやる気を見せなかった子が，ちょっとしたきっかけで
見違えるように積極的になったり，上手になったりする例
はいくらでもありますよね。
　嫌いは好きの裏返し，そう思えば，こちらの気持ちも穏
やかになり，ゆとりをもって子どもたちに接することがで

きるのではないでしょうか。

　そしてここが小学生低学年の特徴の一つだと思うのですが，「今の気分がすべてになる」ということです。低学年を担任されたことがある方なら思い当たる節がありませんか。

　子どもたちは誰しもよりよく生きたいと願っている，
　そのために学ぶことには労をいとわない。

　これが子どもを見る本質だと思っています。子どもたちが面倒くさがるのは，考えたりかいたり発言したりすることが嫌なのではなく，そこに意味を見出せないからだと思います。

　だから，学ぶ意味や充実感を味わわせることができたら，「しなさい」と言わなくても自ら動き始めます。それが子どもです。それが人間です。特に低学年の子どもたちの場合は，思考と行動が直結することが多いので，それがとてもわかりやすい。そのときの気分によって，パフォーマンスが大きく変わってくることもあるでしょう。

　鉄は熱いうちに打てと言いますが，子どもたちのしなやかで素直な心が固まってしまわないうちに，今だからできることをしていく，ここに低学年の道徳が何をすべきかの答えがあるように思います。

　では，大きく次の3点に分けて話を進めていきたいと思います。

それは,

1. 1・2年生の特性をつかむ
2. 授業を楽しくする
3. 子どもたちに委ねる

この3つです。

キーワードとしては変哲のない, 当たり前のことですが, 楽しくするといっても, 様々な楽しさがありますね。道徳授業の中の楽しさってどんなものでしょう。簡単に子どもたちに委ねると言いますが, それなりの覚悟をもって最後まで委ねきることができるでしょうか。

この機会に改めて考え直してみませんか。

1・2年生の特性をつかむ

　低学年には低学年なりの発達特性があります。

　低学年の発達特性として言えることは何でしょうか。もちろん，いつでも誰にでも当てはまるような「括り」はないにせよ，「把握しておく」ことは重要だと思います。ここでは私の経験上つかんでいる特性を4つ挙げたいと思います。

①正直

　まだ自分の世界が中心で動いている低学年の子どもたちにとって，自分の気持ちが最優先。面白ければ飛びつくし，つまらなければそっぽを向く。周囲の空気を読んで自ら慎むというよりは，思ったことをすぐ口にしたり，態度で表したりします。忖度してくれないのです。うっかり油断していると，その洗礼を浴びることとなります。

　つまり，よい意味でもそうでない意味でも，正直なのです。だからこそ面白いと言うこともできます。お世辞を言ったり，「おつきあい」をしてくれたりしないので，こちらの意図がどれくらい伝わったか，指導が適切であったかどうかの自己評価を教師がしやすいのです。

②機を見て敏

正直だからこそかもしれませんが，いいと思ったらすぐに変わる。それに対して抵抗を感じないのも低学年のよいところです。

成長するにつれて自我が芽生え，プライドが生まれ，その結果，照れや気恥ずかしさ，意地のようなものが勝り，次第に素直に行動変容することに対して抵抗を感じるようになっていきます。

それが成長することだと言ってしまえばそれまでですが。その点，低学年の子どもたちは1時間の授業の中でもころころ変わる。ちょっとしたことで気分が落ち込むと，この世の終わりのようになり，何かいいことがあるとすべてバラ色に見えてくるというような，わかりやすさがあります。

道徳は日常生活につながるもの，行動化されて初めて実感を伴う学びにつながるものです。ですから，低学年の子どもたちに対する授業は，結果として見えやすいため，それだけやり甲斐があるとも言えます。

③具体から本質を見抜く鋭さ

目に見える世界がすべての場合があるくらい，条件反射的な言動が目立つこともあります。しかし，本能的な観察眼や本質を見極める力は，もしかしたら大人以上なのかもしれないと思わされることもあります。

それを素直な言葉で表現された日には，とてもかなわないなあと思わされることもしばしば。

この直感力は，授業中も本領を発揮することがあります。子どもたちの何気ないひとことや素振りで，授業が変わるのです。もちろんそのためには，子どもたちの言動を注意深く観察し，機を逃さずに授業展開に生かす勇気と行動力が問われますが。そこにこそ，子どもたちと授業をつくる秘訣があるように思います。

④調子に乗りやすい

　この言葉は「悪ノリ」と言われるように，よくない意味で使われることが多いようですが，よいことだとも言うことができます。要は，よい方向に調子に乗らせればよいだけの話です。

　授業中の教師のひとことで，どんどん調子に乗って発言したり，話し合いに積極的に参加したりしますよね。

　例えば「いやあ，先生はそこまでは思いつかなかったよ。もう少し詳しく教えてくれる？」と言えば，調子に乗って説明を始めてくれることでしょう。その中で，自分自身のなかでもまとまっていなかった考えがみるみる言語化されたり，新たな解釈が生まれてきたり。

　私は授業中に，「全く，先生（カトちゃん）は何もわかってないんだから〜」とか「大丈夫？　ちゃんとついてきてる？」などと，低学年の子どもたちに気づかれてしまうことがよくあります。念のため，子どもたちや私自身の名誉のために申し上げておきますが，別に子どもたちは私（教師）のことを見下しているのではありません。道徳の

授業中，私は自分のことを「先生」とは言いません。なぜなら，一人の人間として子どもたちと相対し，意見を言い合い，学び合いたいと思っているからです。自然に子どもたちも私のことを「先生」と呼ぶときと，そうでないときを使い分けるようになってきます。「先生」と呼ばせなくても信頼関係を保つことができると思っていますし，逆に「先生」を振りかざさない方がよいときもあると思っています。それはどういうときかというと，子どもたちから教えてもらいながら，自分の考えをまとめていきたいとき。共に学ぶ「学友」としてのスタンスのときです。

　もちろん，先生としてきちんと指導したり，アドバイスしたりする場合は「先生の話を聞いてください」と言うこともあります。

　話を戻します。調子に乗らせるためには，立場を逆転させてやることです。いい気になって語らせるとでも言いましょうか。そのような空気感の中で，初めて本質的な部分が子どもたちの口から語られることがあるものです。収集がつかなくなるという理由でそれを止めてしまうと，「悪ノリ」を防止できるかもしれませんが，「自由な発想の広がり」を得るチャンスも，同時に奪ってしまうような気がします。

　要は時と場と相手に応じたバランスですね。

授業を楽しくする

> みんなと一緒に考えると，「確かに」が多くて，黒
> 板を埋めつくすくらいの意見が出て，いろいろな考え
> をもつことができていいと知ることができる。

　冒頭でも紹介した２年生の「道徳が好きな理由」の一つ
です。ここからも，子どもたちが道徳の授業を楽しいと思
うことができるポイントが見えてきます。

①「確かに」が多い

　授業中に「確かに！」という相づちが多く聞かれる授業
っていいと思いませんか。「確かに！」と声が出るという
ことは，それだけ発見があるということです。しかも，自
分が思っていたこととはちょっと違う発見。つまり，自分
一人では気づくことができなかったであろう，新たな納得
解です。この声が聞かれるとき，私は黒板にカニの絵をか
いてあげることがあります。本質とは離れた，ちょっとし
た遊び心ですが，子どもたちは結構ノリノリで，「今日は
何匹カニが出た」などと言って喜んでいます。

　また，「確かに！」と，友だちの意見を受容し，認め合
うことのできる雰囲気も大事にしたいところです。つぶや

きが認められている空間というのもいいですよね。子ども
たちの「本音」はこのようなつぶやきから生まれることが
多いです。つぶやきの「確かに」は，つくられた言葉では
なく，子どもたちの心の底からの感嘆詞と捉えられるでしょ
う。

　同様の意味で使われる言葉として，「そうだね」とか
「なるほど」などがあります。どれも相手の言葉を受け止
め，認め，自分の中で咀嚼し，納得解に結びつけようとし
ている言葉です。そのような思考活動には，自分が向上す
るという喜びが感じられます。これも「楽しさ」の一つで
すね。友と学ぶ楽しさがここにあります。

②手応えがある

　黒板が埋め尽くされるという感触，これもいいと思いま
せんか。これは，子どもたちの意見がたくさん出されたと
いう証明でもあり，黒板が子どもたちの思いであふれた作
品になったということでもあります。つまり，板書を子ど
もたちの意見でつくりあげていっているのです。このよう
に，話し合いと同調させて板書をつくり上げていくことで，
子どもたちは自分たちが授業を，板書をつくっているんだ
という達成感，満足感，有用感を覚えます。そして参加意
識が高まり，結果として手応えを感じることができるので
す。

　そのためには，意図的に子どもたちを黒板のもとへ誘っ
てやる必要があります。なんと言っても，黒板という領域

は，特に道徳の場合はそうだと思いますが，まだまだ「先生がかくもの」という意識が強いように思います。国語や算数が問題を解いたり，貼ったりするのと同じ感覚で，道徳の場合も黒板を子どもたちに開放してやることができるといいですね。

③多様な考えを受け入れてもらえる安心感がある

「いろいろな考えをもってもよい」と思えるということ，これも学習環境に関連することですが，「何を言ってもよい」という雰囲気づくり，学級づくりがポイントでしょう。

道徳の授業は答えがない，何を言ってもよいと言われますが，厳密にはちょっと違います。まず，明確な一つの答えが出ないというのは確かにそうかもしれませんが，共有すべき方向はあります。登山と同じかもしれませんね。

目指すべき頂上は見えている，けれどその道程は様々。ちょっと横道にそれて景色を見たい人もいるでしょうし，最短距離の道を選んで歩みを進める人もいる。その中で，登山の醍醐味をそれぞれ見出すわけです。登山を人生に例えるならば，どの道が一番よいかという答えはないでしょう。けれど，この山に登るんだ，この山に登った達成感を味わうんだ，この山でなければ味わえないものを見つけるんだという，目標は共有できる。他の人が見つけ出した「この山に登る意味」は自分の見つけ出す答えとは違うかもしれないけれど，間違いとは言えない。むしろ，「そうか！　そういう考え方もあるか」と，自分の視野が広がり，

答えが膨らむかもしれません。まさに,「確かに〜！」で
すね。だから,何を言ってもよいのです。というか,いろ
いろな考え方があるから意味がある。面白い。自分が広が
る。そう考えたら,異質を排除するような気持ちになりよ
うがありませんよね。

　発言をためらう子どもたちの多くは,「間違えたらどう
しよう」「自分が言ったことに反対されたらどうしよう」
という不安が原因です。でも,「間違いなんてない,全部
正解」「反対しようがない。それも一つの大事な意見」と
考えることができたら,心は軽くなるでしょう。そのよう
な学習の雰囲気を学級の中でつくってやればいいのです。

　そして何より大事なのは,授業が楽しいと思わせてあげ
られるかどうかです。「楽しい」といっても,いろいろな
楽しさがありますが,ここまでお読みいただけたらおわか
りだと思います。授業での楽しさは,自分を広げる楽しさ,
新たな発見を得て,よりよい自分に近づくことができる楽
しさです。そのように,授業を楽しくする秘訣は学ぶ意味
をもたせること,考える楽しさを味わわせること。そして,
授業の特性を生かすことです。一人ひとりの意見が響き合
い,結果的に一人では到達できない世界にまで行きつくこ
とができる到達感は,学級集団で行うからこそ味わうこと
のできる醍醐味です。それを3年生のE君は,「化学反応
がおきる」と表現しました。「自分と異なる意見が初めて
喜びになった」と言った大学生もいます。みんな同じです
ね。

子どもたちに委ねる

①手を尽くして待つ

　低学年の子どもたちを前にすると，どうしてもおせっかい心が先に立ち，失敗するとかわいそうだからとか，まだ無理だろうからちゃんと教えてあげようという老婆心が生まれがちです。もちろん，無理難題を押し付けるものではありませんし，発達段階に見合った指導はすべきです。けれど，始めから「できない，無理」という視点でスタートしていては，できるものまでできなくなってしまいます。

　「幼稚園（保育園，子ども園）の年長さんのときは，本当に下の子の面倒をよく見ることができていたのに，小学校１年生になったら……」みたいなことを幼稚園の先生がおっしゃることがあります。環境が人を育てるというのは，小さな子どもにも当てはまりそうです。

　限界は自分がつくるということです。

②「やればできる。無理と思ったら何もできない」

　これは単なる掛け声ではなく，心に留めておくべき真理だと思います。矛盾する言い方になるかもしれませんが，「子どもを子ども扱いしない」ことと「子どもを小さな大人にしない（子どもらしくあれ）」が両立する世界を追求することが大切なのではないでしょうか。

　下の文章は，私の学級（２年生）に教育実習生として４週間過ごした学生の，道徳の授業時の感想です。

　子どもたちは，先生の問いに対しての自分の思いを表したいという気持ちで立ち向かっているようにも見えました。

　小学生の，特に低学年の年代では，自分の思いを伝える・表現することが困難なため，教師としては“待つ”こと，見限らないことを大切にしたいと強く感じました。教師は「どんなことでも言っていいよ」というような言葉に責任をもって，子どもが「待ってもらえるんだ」と思えるようにすることで，学級としての学び方の文化はより成熟していくと確信できました。

「なんでも言ってよい」と子どもたちに言ったからには，仮にどんなに方向性がズレてしまったように感じる発言でも，きちんと受け止める覚悟と度量が大事です。何を言ってもいいと言っておきながら，「それはどうかな」的なリアクションをしてしまったら，子どもたちは意気消沈，次からは口を閉ざしてしまうかもしれません。

　もちろん，全学年共通で大事にすべきこともありますが，本書では現在進行中で担任をしている「低学年の加藤学級の子どもたち」のストーリーを中心に，お伝えしていきます。

Column

講義を受ける前は，道徳に対してマイナスなイメージがあった。わかりきったことをやって，現実離れしていると感じていた。いわゆる「よいこと」「模範」となる一般論やきれいごとについて，きまりはきまりだから議論の余地はないと思っていた。

これは，私が教える大学生が書いたものです。道徳の授業は，始めから答えが決まっているということを学生なりに，わかりやすい言葉で言い当てています。残念ながら，ひと昔前の道徳授業で，このような思いをもたせてしまったことは確かなのでしょう。しかし講義を通して現在行われている道徳授業の実践を話したところ，同じ学生が次のようにかきました。

しかし，講義を受けて，とても悩んでもやもやしてわからなくなるけれど，楽しいと感じた。道徳のイメージがプラスになった。発問の仕方によっては，どうしても自分が話さずにはいられない，話したくて仕方がない状況をつくれるとわかった。

発問の仕方によって，授業は大きく変わる，変えることができる。マイナスイメージをプラスに変える力がある。この手応えは，大学生に限らず，小学生であろうが，教員であろうが，同じように得ることができるはずです。

I 章

10のポイントを意識した
I・2年生の道徳授業

ポイント1
1・2年生の「特性」を見極める

　子どもの集中力がどれくらいもつかご存知ですか。およ
そ15分と言われています。特に入学間もない1年生にとっ
て，45分間は非常に長いです。けれど，その15分も内容に
よって伸びたり縮んだりするでしょう。子どもは正直です
から，つまらなければすぐにそわそわし始めたり，別のこ
とを考え始めたりします。逆に，「面白い！」と思ったら，
その集中時間は延びるでしょう。いわゆる没頭です。

　ではどうしたら子どもたちに「面白い！」と思わせるこ
とができるでしょうか。これは様々な質があります。もち
ろん授業ですから，子どもたちの好きなことをさせている
だけではダメですね。子どもたちが自ら触手を伸ばさない
ような世界に，興味をもって進んで足を踏み入れるように
することが必要です。とはいえ，ほめたり叱ったりなだめ
すかしたり，にんじんをぶら下げたり（ご褒美をちらつか
せたり）するだけでは芸がありません。

　大事なのは次の3つです。

　・子どもたちに参加意識をもたせること

　・知的好奇心をくすぐること

　・学びが自分に生かされる手応えを感じさせること

　道徳授業で参加意識をもたせるということは，「人ごと
にせず，自分ごととして考えさせる」ということでしょう。

グループでの話し合いや子どもたちに身近な教材開発等で
もそれはできますが，何と言っても大切なことは，授業の
主体にするということであり，それは子どもたちの意見を
授業に反映させるということです。当たり前と思われるか
もしれませんが，なかなかどうして。道徳はその特性上，
「誰にでも親切にすること」などという「議論の余地がな
い」内容を扱います。それは子どもたちも経験上わきまえ
ている内容です。その時点で主体は子どもたちではなく，
社会的ルールになってしまってはいないでしょうか。

　ですから，「あれ？　思っていたのと違う」「もっと考え
ていきたい」というように「議論の余地を与える」ことが
大事です。もしかしたらそれは「このときは親切にしなく
ていいのかも」という話題になるかもしれません。

　「え!?　そんなことってありえないでしょ！」からスタ
ートし，「ああ，そういうことなら……」と広がっていく。
この過程には子どもたちの生活経験やこだわりが生かされ
る場面が多々出てきます。つまり，自分の生活につながり，
人ごとでなくなるのです。

　低学年は，このような自らの生活体験に基づく話し合い
に適合する年齢と言えます。「だってこの間……」と生き
生きと語り始めるかもしれません。そして，思ったことを
素直に実践することもあるでしょう。これは授業後の話に
なるかもしれませんが，そのような授業につながる言動が
みられたら，機を逃さず取り上げることで，道徳の学びは
生活に生かされるという手応えを感じることでしょう。

ポイント2
盛り上げる

　この「盛り上げる」はイメージ的には「ノリノリ」ということでいいと思います。もちろん，良い意味で。

　低学年の子どもたちは，乗ってくるとストレートに動作で表現します。例えば，手の挙げ方が変わってくる。身を乗り出す。思わず立ち上がる。黒板に出て自分の考えを伝えようとする。たとえ教師の言っていることでも，「先生の意見に反対！」と臆せずに言う。夢中になればなるほど，気がついたら身体が動いていたという世界です。誰でもそうかもしれませんが，特に低学年の子どもたちは，脳と身体が一致している気がします。

　ですから，それを逆手にとって，身体を動かすことで脳を活性化させるということもできるでしょう。4人グループをつくって話し合いをする，立ち上がって意見交流をする，教材の中の「セリフ」を言ってみる，黒板に出てかいてみる等々，このような「活動」をアクセントで入れることによって，停滞ムードを打破することができるかもしれません。

　ただし，「活動」ではなく「学習活動」にする必要がありますね。問題なのは，夢中にさせる中身です。好きな遊

びに夢中になるのとは質の違う夢中を授業の中で演出して
やらねばなりません。有意義な活動も，それが「儀式」に
なっては意味がありません。盛り上げ（ノリノリにさせ）
つつ，本質に向かって話し合いを展開することが大事です。
　たとえば，「礼儀（あいさつ）」の授業をしていたときに，
こんな場面がありました。

〈『』：教師　「」：子ども〉

『あいさつをするといろいろなよいことがありそうだ
ね』

「ぼく，あいさつをしたとき，近くのおじさんがあめ
をくれたよ」

『なるほど！　Ｓ君の意見をもとにすると，あいさつ
をするよさは「あめをもらえる！」ということだ
ね！』

※このセリフをことさら大げさに言う。

「ちが～う！　そういうことじゃない！」

※発言したＳ君のみならず，大勢が「そうじゃな～
　い！」の大合唱。思わず席を立って，何かを言おう
　としている子もいます。

『じゃあ，どういうことなのさ？』

「だから～，あめをあげたいと思うくらい，（相手が）
うれしかったってことだよ」

『なるほど～，え？　それってみんなわかってたの？』

「うん，わかってないのは加藤先生だけ（得意顔）」

ポイント3
教師も楽しむ

　前頁の「あいさつの授業」エピソード。その場のノリを
お伝えするために，「！」や「？」等を多用しました。教
師も楽しんでいる雰囲気は伝わったでしょうか。

　そうです。教師も様々な顔をもつ必要があります。道徳
ってどうしても，「しっとりと」「ほのぼのと」というよう
な表現とつながりやすいですね。でもときには，「ムキに
なって」「わいわいがやがや」があってもよい，というか
あった方がよいと思うのです。もしかしたら，子どもたち
の本気が見られるのは，そういうときかもしれません。け
れどその本気は，本質に向かっていなければなりません。

　わいわいがやがやせざるを得なくなるような話し合いを
通して，最終的に「わかった！」につながることが大切。
「わいわいがやがや」は目的ではなく，手段なのです。

　では，どうしたら子どもたちは本気で授業に臨むように
なるでしょうか。これは，教師の本気度とつながります。
教師も子どもと一緒に本気で考える，学ぶ姿勢をみせるこ
とです。つまり，教師も本気で考えたいような問いを，子
どもたちと共有するのです。

　たとえば，私が担任する2年生との授業中に，こんなや
りとりがありました。さきほど紹介した「あいさつの授
業」のときのことです。

〈『』：教師　「」：子ども〉

『今，Ｍさんは，「（登場人物は）あいさつができるようになった」って言ったよね。そうしたらＳくんが，「あいさつが好きになった」と。それを聞いたＴくんが「できる」はわかるけれど「好きになった」かどうかはわからないと言いました。ん？　これってどういうこと？　みんなわかる？』

「うん，わかる！」

　さて，読者のみなさんはおわかりになりましたか？

　この「わかる」には２つの意味がありますね。まず，「友だちが何にこだわっているのかがわかる」ということ。そして，「『できる』と『好き』の違い（順序性）がわかる」ということです。「あいさつができる」のと「あいさつが好きになる」のはどのような違いがあり，順序性があるでしょうか。これって，子どもだけでなく，教師も本気で考えたくなりませんか。

　教師も本気で考えたくなったとき，「子どもたちはどう考えるのだろう」と，子どもたちの意見を聞きたくなります。その時点で，教師と子どもたちは同じ立ち位置で学びを進めることになります。これが教師も本気になるということです。学びの場においては，教師も子どもも対等，共に求める者という意味で，「学友」なのです。

ポイント4
発問を工夫する

　「なやんだ末，もしあやまることができなかったら
どうする？」先生のこの質問にあたたかさをたっぷり
と感じました。

　発問にはさまざまな種類，役割，効果があります。それ
はそれで明らかにして，臨機応変に使い分ける必要がある
でしょう。けれど，それ以前に根本的な部分で大切にしな
ければいけないことがあるように思います。それが，「問
われたときの子どもたちの心がどこに向くか」だと思って
います。具体的な事例で考えてみましょう。

　「努力と強い意志」の教材では，登場人物がくじけそう
になりながらも強い意志を発揮して何かを成し遂げるサク
セスストーリーが一般的でしょう。そうしないと，「がん
ばれば何かを成し遂げ，達成感を味わうことができる」と
いう「結論」に導くことができないからです。

　けれど，人間はそんな単純にできていません。どんなに
頑張ったってできないときもあるし，頑張りすぎない方が
いいときもあります。そんなの屁理屈だと一蹴してしまう
こともできますが，あまり結果にこだわりすぎるのも考え
もののような気がします。なぜなら，このような結果至上

主義は子どもたちの自己肯定感を損ないかねないからです。

　こんな感じの展開がみえてきませんか？

〈『』：教師　「」：子ども〉

『頑張って結果を出した主人公のことをどう思う？』

「素晴らしい」

「きっと頑張ってよかったと思っているだろうな」

『みなさんは，何かを頑張ってよかったと思ったことはありますか』

「○○ができたとき，あきらめないでよかったと思った」

「お母さんにほめられた」

『これからどうしたいと思いますか』

「苦手なこともあきらめないでがんばる」

　う〜ん，決して間違ったことは何も言っていないのだけれど，どこかで他人事になってしまっているように感じるのは私だけでしょうか？　「がんばったけれど，できなかったら……」これは，表面上は結果を出していないわけですからNGと言うことができますね。けれど，結果を出すか出さないかということと同じくらい，いやそれ以上に問われるべきものが，「いかに結果を出そうと努力したか」ではないでしょうか。

　完璧な人間は存在しません。ましてや発達途上の子どもたち。悩んだり，失敗したり，後悔したりが当たり前。それを封じられてしまったら，人間をやめなさいと言われているようなもの。問われてほっとして，一人の人間として考え始められるような問いかけをこそ，したいものです。

ポイント5
達成感を味わわせる

　低学年に限らず，達成感を味わうことが，活動に対するモチベーションを高めることは間違いないでしょう。さらに，低学年の場合，そのときの気持ちがそのまま表情やしぐさに表れやすいという特徴があります。達成感も素直に表現するのでわかりやすいのです。低学年の場合，目に見える形で達成感を味わわせるのがいいでしょう。板書もその一つです。ポイントは次の3つです。

　・たくさん書く
　・子どもたちの意見が反映されている
　・学びの高揚感がある

　右ページの板書は，2年生のものですが，この授業が終わるころ，子どもたちが「先生，黒板が足りないね」と言いました。思いがあふれ返る体験，自分の意見が全体の話し合いで広がる体験を，まざまざと目に見える形で見せることは，低学年の場合は特にとても有効な一打となりそうです。「百聞は一見にしかず」ですね。「百見は一行にしかず」板書に参加させると，さらに効果倍増です。

　さて，先生方は，どんなときに子どもたちが達成感を得ていると感じますか。また，ご自身が道徳の授業において達成感を感じるのはどういう場面ですか。

　こういう時間（思い出す時間）って，結構大切な気がし

ます。自ら考える，問題意識をもつということです。

　とっさに思い浮かばないこともあるかもしれません。
「ほとんどない，だからそれを知りたくて（本を買って）
勉強しているんだ」という方もいらっしゃるかもしれませ
んし，そういうモチベーションも大切だと思います。

　一方で，「本当にないのかな，子どもたちのサインに気
づいていないだけなのでは？」という考え方も同様に大事
だと思います。子どもたちはサインを至るところで発して
いる，それをきちんとキャッチできる教師でありたいもの
です。プラスのメッセージもそうですし，マイナスの場合
もそうです。自戒を込めてそう思います。

　私が子どもたちが達成感を感じているなと思う場面を，
いくつか紹介します。いずれも低学年の子どもたちです。
〈授業中〉

　・いきなり発言量が増える

　・発言後，無意識のうちにガッツポーズをする
〈授業後〉

　・道徳ノートの記述が急に質量共に向上した

　・家に帰ってから実践したことを日記にかいてくる

ポイント6
板書に参加させる

　板書と言うと，どうしても教師がかき，子どもたちがそれを写すというイメージがありますね。実際，1年生の道徳の授業をしながら黒板に絵や文字をかいていると，必ずと言っていいほど次のような質問が来ます。

　「先生，これはどこにかけばいいですか」

　「先生，これを全部かくのですか」

　もちろん，必要なことは全員にノートにかくことを要求しますが，ある程度枠を与えた上で，自由にかかせる場面があってもよいと思います。その際に，黒板にも思ったようにかかせていきます。そのような活動をしながら，子どもたちは次第に「黒板は自分たちでかいていいんだ」というように，意識が変わっていきます。

　低学年のうちから，黒板に参加する意識をもたせておくと，次第に「ちょっと黒板にかいて説明していいですか」「言葉ではうまく言えないから，絵でかいてもいいですか」などと言いながら，自ら黒板に出てくるようになります。

　また，それと同時に，「黒板にかきたくなるような展開を心掛ける」ということも大きなポイントです。たとえば，「ないた赤おに」の授業では，赤おにと青おにの「相手を思う心の線」を子どもたちに考えさせました。なんとか人間と仲よくなりたいと思っている赤おにと，そういう赤お

にのことを人間が好きになってほしい，仲よくなってほしいと思っている青おには，明らかにその思いの方向や質が違います。それを子どもたちにぶつけてやって，考えさせるのです。考えるときに，ノートに赤おにが青おにを思う線と，青おにが赤おにのことを思う線とを赤色と青色でかきながら考えさせるわけです。

　このように，かくことによって新しい気づきがあり，友だちというものに対しての理解が深まっていきます。それをもとに，黒板にかかせるわけです。

　2人を指名して黒板にかいてもらいます。それを見ている子どもたちは，「そうそう，そんな感じ」とか「もっと太く，長く」などと，自分がノートにかいた図をもとにして，板書を見守りつつ，意見交流を活発に行い始めます。

　子どもたちは，線の向きだけでなく，太さや長さにもこだわり始め，次第に思っていたのとは違う図になっていき，（あれ？どういうことだろう）（赤おにと青おにの友情は釣り合っていないのではないかな？）などと，新たな視点や疑問が湧いてきます。

ポイント7
子ども同士をからませる

　「からむ」と言うと，よくないイメージもありますが，ここで言う「からむ」は，子どもたちが自ら意見を交わし，１人ではたどり着くことができない気づきを得ながら，高みへと登っていくという意味です。そのために大切にしたいポイントは，次の３つです。
　・何らかの活動を入れて，全員参加の意識をもたせる
　・100％の答えを求めない
　・１人では解決できない「難題」を課す

①何らかの活動を入れて，全員参加の意識をもたせる
　授業に全員が参加するのは当たり前のことですが，ここで言う全員参加は，全員を同じ土俵に立たせるということです。低学年の場合は特に，身体動作を連動させるとよいと思います。たとえば，「そう思う人は手を挙げてください」「この２人の友だちレベルは０から10の間のどれだと思いますか。指で示してください」などと投げかけ，間髪入れずに「せ〜の！」で全員にリアクションを求めます。
　このとき，どこに手を挙げようが，何本指を出そうが，それは何でも構わないのです。大事なのはそのときの瞬時の感覚とタイミング。思考は後からついてきます。「え，どうして自分はそう思ったのだろう……」「他の人は違う

ことを考えているようだぞ」そう思わせることができたら十分です。

②100％の答えを求めない

　そもそも道徳の世界で，100％正しい正解などあるわけがありません。「こういう状況であったら，このマニュアルにしたがっておけば間違いない」などという便利なものがあったら苦労しませんよね。だから，50％をよしとします。100％言えなくてよいのです。誰かが50を言葉にして絞り出してくれたら，別の誰かがそれをもとに70にする，するとそれを足がかりに80になったり，「でもちょっと待てよ」と75に戻ったり。そうこうするうちに100を超えていたり。それが面白いところですね。

③1人では解決できない「難題」を課す

　「難題」というのは，低学年のレベルを超えているということではなく，多面的・多角的に考える必要がある問題ということです。つまり，一筋縄ではいかない問題。「命を大切に」などと簡単に言いますが，「どうしたら命を大切にしたことになるのか」と問われると，とたんに「え〜っと」となりませんか。このように，みんなで考えを出し合い，磨き上げていくからこそ，みえてくるものってありそうです。「ぼくはこう思う。君はどう思う？」これがからみ合いのスタートだと思います。

ポイント8
外部評価をする

　子どもに限らず，誰だって人からほめられたり認められたりすればうれしいものです。特に低学年の子どもたちの場合，それが大きなモチベーションになることは間違いないでしょう。

　けれど，ただほめればよいというわけではありません。「根拠のあるほめ言葉」これが大事だと思います。

　「たいへんよくできました」「がんばったね」「すご〜い！」どれもおなじみのほめ言葉ですが，これだけで終わらせず，その理由を少しでもいいから付け加えてあげたいものです。そうしないと，子どもたちは何をほめられたのかわからないままです。

　「『よくがんばったね！』でわかるじゃないか」と思われるかもしれません。確かにその場で機を逃さず，ピンポイントで言えば，感動とともに伝わるものがあるでしょう。そういう場合は，言葉はいらないことも確かです。

　それとは別に，きちんと言葉にしないと伝わらないものも確かにあるでしょう。道徳の場合，教科化されたことで評価が議論になったことは記憶に新しいですが，上から目線の評価や，人間性の評価はなじまないので，子どもを認め励ます言葉とでも定義しておきたいと思います。

　さきほどの例で言うと，「よくがんばったね。昨日まで

続けてきたことが力になって現れたのだと思うよ。ここまであきらめずに努力したことが立派」などと，子どもの努力の意味をきちんと伝える（評価する）ことが大事でしょう。このような具体を添えることで，「ああ，ここまで続けてきてよかったな。がんばるとこういうことができる（こんな気持ちになることができる）んだ。他のことにもチャレンジしてみようかな。きっと世界が広がる気がする。ここまで応援してくれた人たちのおかげでもあるな。みんなありがとう！」などと，無意識のうちにでも感じることが，たくさんあるのではないでしょうか。

　よく考えると，このような体験は実生活の中で数限りなく行われていることだと思います。ただ，それに気づかずというか深く意味づけせずに，さらっと流してしまっているようなことってないでしょうか。流れる前に言語化して本人に返すことで，心に深く定着し，その後の生活の支えになっていくような気がします。道徳の授業中に「そういえば，私もこの前……」などと実体験としてよみがえってくることもあるでしょう。また，道徳の授業中に言語化し意味づけされたことを頼りにして，実生活においてこれまでなら気づかなかったことに目がとまり，新しい気づきを得ることができるかもしれません。

　私たち指導者と呼ばれる人間は，知識や技能を伝授するだけでなく，教えたことにどのような意味があるのか，それが一人ひとりにどのように生かされていくのかを見取り，意味づけする言葉をもちたいものです。

ポイント9
家庭と連携する

家族との楽しい話し合い

　私の家族は，たくさん話し合いをします。特に，道徳の授業がある金曜日の夜は，お父さん，お母さん，そして小学生になった妹も一緒に，その日に習った道徳の授業の内容について，私が司会をして話し合います。私はこの時間がとても大好きです。家族との話し合いを何回も何回も重ねることはとても楽しいし，みんなとふれ合い，もっと仲よくなることができるからです。そして，昨日の自分より，ほんの少し成長できる気がするのです。

　今年の夏休みは，道徳の授業で習った内容をもとに，自分の町のごみ拾いをしました。もちろん，家族と一緒にです。

　これは，私が担任したYさんが2年生のときに道徳ノートに書いてきたものです。今は社会人として活躍されています。道徳授業で学んだ（考えた）ことは，授業が終わったからといってそれで終わり，身についた，と言うことはできません。むしろ，授業中に考えたことを携えて実生活で追体験をしたり，さらに深く考えたりしていく中でこそ，

獲得できる道徳性というものがあるでしょう。そして，それが本物だと思います。

「やってみてわかる」ということです。これが経験主義と言われるものですが，「なすことによって学ぶ」という原理は，子どもたちにとって必要不可欠なことでしょう。だからこそ，授業と実生活との連携が求められるわけです。

もちろん，「やってみてわかる」ためには，その前段階として，「やる意味を感じる」「やってみたいと思う」というステップが大事でしょう。それを行うのが授業なのです。

何のためかもわからず嫌々やらされるのでは，身につくものも少ないでしょう。授業を通してポイントを押さえ，そのポイントを家庭と共有し，学校では教師が，家庭では保護者が同じ目線で子どもたちに接し，外部評価を与える。このような環境が整えば，子どもたちは安心して生活を通して成長することができるでしょう。

保護者の授業参観がありますね。これもよい機会と捉えましょう。なんと言っても，学校でどのような思考活動をして，何を大切にしているのかを，子どもたちの姿を通して保護者に伝え，共有できるチャンスなのですから。

私はその後の学級保護者会で，大人向けの道徳授業を少しだけ体験していただくこともあります。深く考える授業体験を親子でしておくことで，学校での教育活動に対してのご理解ご協力をいただくことが円滑になります。

学級通信等で授業や子どもたちの様子をリアルタイムでお知らせするのもよいでしょう。

ポイント10
低学年の行動力を生かす

　次に紹介するのは，私が現在担任しているＭさんの道徳ノートからの抜粋です。

> 　私は，帰るとき，外に出ているおばさんに「こんにちは」と言ってみました。そしたら，おばさんがやさしく「おかえりなさい」と言ってくれました。私はこの前まで，知らない人にあいさつができていなかったから，自分がレベルアップできてよかったなと思いました。

　低学年は，納得すればすぐに行動するものです。授業で，一般解ではなく，納得解を得させることがポイントです。
　ここで，「一般解」と「納得解」について考えてみましょう。「一般解」は一般的に正解と思われている事柄であり，万人に共有できる（と思われている）ものです。たとえば，「自分がしてもらってうれしいと思うことを相手にもしてあげましょう」「交通ルールは守りましょう」といった類いのものです。これは確かに間違いではありませんし，自分だけはそうしないですませるという例外を認められるものではありません。全員に同じように要求されるべきものです。そうでなかったら意味がないですよね。公衆

道徳と言われるものと共通しています。

　そのような性格上「一般解」は，個人の都合は後回しにされます。一人ひとりの事情をくんでいたらきりがないからです。つまり，世の中で人と交わって生きていく以上，わきまえなければならない一般常識的なものですから，いちいち考える必要がないわけです。「そういうものだ」ですませられてしまっているのです。

　それに対して「納得解」は，自分が納得した上で規範とするものですから，「そういうものだ」ではすまされない。「なぜ，そういうものになっているのか」を考えた上での自分なりの解釈ということです。とはいっても，自分なりにどうとでも解釈できるということではありません。「一般解」を見つめ直した上で，自分の価値観を再度構築したものと言うことができます。「納得解」は，自分なりの解釈の上に成り立つものですから，「なぜ」を言うことが出来ます。価値観が自分のものとなっているので，「〜しなければならない」ではなく「〜したい」「〜できる自分が好き」という，前向きな思考になります。

　だからこそ，人から諭されたり，強要されたりしなくても，自らの判断において「やってみたい」「試してみたい」という心がはたらきます。低学年の場合，「〜みたい」がそのまま言動に現れるので，実生活において「〜やってみた」が増えてきます。日常の子どもたちの言動の中から，そのような前向きな活動が増えてきたら，授業が変わってきていると判断してもよさそうです。

Column

　当然のことですが，低学年の特性を考慮して授業を行う
のと同時に，道徳授業の特性・意味を把握した上で教壇に
立つ必要があるでしょう。

　まずは低学年の特性。これは序章で詳しく述べましたが，
ひとことで言えば，正直ということ。年を経るにつれてつ
いてくる，周囲の空気を察知して自らの言動をわきまえた
り慎んだりということがないのです。面白ければすぐに飛
びつき，つまらなければそっぽを向く。そして，道徳授業
の意味。これは，子どもたちが無条件に飛びつく面白さが
あるようには見えません。勉強全般に言えることかもしれ
ませんが，道徳の場合それが突出している気もします。
「したい！」ではなく「当たり前だけれど大事なことだか
ら，しなければいけない」から入る要素が強いからです。
「当たり前だけれど大事なこと」を逆手にとって，「当たり
前と思っていたけれど，改めて問われてみると，ちゃんと
考えていなかったことに気づいた」状態にすると，子ども
たちは意外と深く考え始めるものです。ここは子ども扱い
してはいけません。普段（自分では）考えてもみなかった
ようなことにスポットを当てて，45分間じっくりと，仲間
と一緒に考えることのできる時間が保証される。わかりや
すい考え方のヒントを指導者が用意してくれているため，
同じ45分でも，（子どもたちだけで行うよりも）より一層
効果的な時間配分で行うことができる。低学年でも立派に
学問の入り口に立っているのです。

2章

1・2年生を道徳好きにする3つのこと

１年生を道徳好きにする３つのこと

①楽しさを演出する

　低学年の子どもたちは遊びの天才。楽しければ時間を忘れ，夢中になって取り組みます。たいした遊び道具がなくても，いつまでも遊び続けるものです。その「楽しさ」には，質の違いがあり，２つのタイプに分かれると思います。

　それは，自分で楽しさを見出せるものと，他からの影響を受けて楽しく感じることができるようになるものです。簡単に言うと，

（１）自ら楽しさを感じて「やりたい！」と思えるもの

（２）始めは何も感じなかったけれどやってみたら「おもしろい！　楽しい！」と思えるもの

の２種類です。

　遊具での遊びやアニメなどの動画鑑賞は（１）に当たるでしょう。それに対して，なわとびやボールゲームなどは，やっていくうちに，次第に楽しさが増えていくもので，（２）に当たります。

　基本的な流れとしては，（１）から入り，気がついたら（２）になっていたというのが，学びの際の理想的な形ではないでしょうか。

　特に，経験値も学習値も未知数の１年生の場合，感覚的な刺激を伴う作業をしながら，気がついたら本質的な学び

の入り口に立っていたというような学習の場を用意することが大事です。

　道徳授業ではどうしたらよいでしょうか。1年生のスタートとして，次のような教材があります。

出典：しょうがく　どうとく　ゆたかな　こころ
　　　1ねん（光文書院）

　文字の読み書きもこれから学習していく1年生に，どのような形で道徳授業を行うかといったら，やはり絵や図がメインとなるでしょう。けれど，ただ楽しく活動するだけではもったいない，せっかくの初めての道徳授業，その楽しさを広げる「はじめの一歩」としたいものですね。

　上の1枚絵の教材を使って次のような展開にしたらどうでしょう。

　『この絵の中で，楽しそうだなと思うものに〇をつけてください。そして，どうしてそれに〇をつけたのかも教えてね』（子どもたちは「これがいい！」「こっちも」と言い

ながら，楽しそうに○をつけます。と同時に，「先生，これはよくないよ」という場面にも気づき始めるでしょう。）

『なるほど，これから学校でいろいろ楽しいことがありそうだね。じゃあ，みんなが選んだ楽しいことは，みんな同じ楽しさかな？　ちょっと考えてみようか』

②「気がついたら考えていた」という展開にする

「今からこれについて考えます！」と，始めから大上段に構えるよりも，1学年の場合は特に，とりかかりやすい活動から入っていって，夢中になってやっているうちに本題に入っていたというのがいいかと思います。もちろん，時と場合によりますから，いつでもどこでも誰にでもということではありませんが。

前項の教材をもとに考えてみましょう。

「楽しそう，やってみたいと思うものに○をつけましょう」と言われれば，子どもたちは下の絵のように，AやBに○をつけるでしょう。

ここまでは，ただの楽しい活動です。ここから，道徳の学びの扉を開いていくことになります。扉を開くカギは，発問です。では，どのような発問が子どもたちの思考の扉

を開くカギとなるでしょうか。

　たとえば，次のようなものが考えられます。

・ＡとＢは両方楽しそうだね。同じ楽しさかな？　違いは
　ないかな？

・Ａは順番待ちをしている子がいるよね。この子たちは楽
　しくないかな？

・Ａでブランコに乗っている子は，順番待ちをしている子
　がいなかったら（ずっとブランコに乗り続けることがで
　きたら），楽しさはもっとふくらむかな？

・順番待ちをしなくてすむように，もっとブランコの数を
　増やしたらいいかな？

・Ｂは跳べなかったら（ひっかかってしまったら）嫌な気
　持ちになってしまって，楽しくなくなるかな？

・このような遊びを楽しくするために大事なことは何だろ
　う？

　いかがでしょうか。このような問いかけ（発問）は，子
どもたち自身の中からは，なかなか出てきにくいものです。
だからこそ，授業があるわけです。逆に言うと，授業では，
子どもたちだけでは進んでいかないであろう世界に足を踏
み入れさせる展開の工夫を授業者が行う必要があるという
ことです。しかも，それを「授業だから考えなくてはいけ
ない」ではなく，「気がついたら疑問が湧き起こり，自然
に考えたくなっていた」体で行うことがポイントです。

　さらに，このような場面も気になりますね。

・図書室や図工室の友だちも「楽しい」がありそうだね。どんな楽しさかな。その楽しさは，ブランコや縄跳びの楽しさと一緒かな？

・学校にはいろいろな楽しさが待っているね。楽しくなるのは何の（誰の）おかげなんだろうね。

などと，子どもたちの反応を受けながら，どんどん気づきや発想を広げていきます。そして，子どもたちの方から「先生，これはどうなのかな？」「ここをもっと考えたい」となってきたら，しめたものです。

③調子に乗らせる

「先生，大丈夫？　（私たちの話し合いに）ついてきてる？」

「先生，だったらこれはどうなのかな？」

授業中に，子どもたちの口からこのような言葉が出てくることってありませんか。1年生って面白いですね。思ったことをすぐ口に出す。こちらの発問や投げかけへの，絶妙のリトマス試験紙みたいなものです。

その発言の中には指導が必要なものもあるかもしれませんが，基本的に私は全部受け止めて，そこからさらに深まりを得られるような問い返しを考え，その場で子どもたちに投げかけるようにしています。こちら側で無意識のうち

に子どもたちの発言に対してセレクションを行い，歓迎する発言とそうでない発言に対するリアクションを変えてしまってはいけません。そんなことをしてしまうと，子どもたちは敏感に感じ取り，調子に乗らなくなってしまいます。

　ここは教師も遊び心を発揮し，子どもたちを調子に乗らせながら，ピンポイントで「とうことは，○○でいいんだよね？」などと突っ込みを入れましょう。子どもたちは途端に「いや，そういうことじゃない！」「先生，いい？　今から説明するよ」などと，ムキになって挑んできます。どちらが指導者なのかわからなくなってしまうくらいです。

　このように，教師が意図的に演技することもポイントです。演技と言っても，心にないことをお芝居するということではなく，「まだ考えがまとまっていない子の立場に立って，その気持ちを代弁する」ということです。どうしても，考えがまとまっていないと，話し合いに参加しにくいものですよね。

　「ぼくは違う考えです」「そうは思いません」「まだ考え中で，悩んでいます」「わかりません」これらを堂々と発言できるような雰囲気をつくることも大事かもしれませんが，それを教師が代わりにやって（演じて）やると，子どもたちは俄然乗ってくることがあるようです。

　そうこうするうちに，教師も本気で議論に加わったり，「あ，そうか」と納得させられたり，気がついたら議論していた状態になることもありますよ。

2年生を道徳好きにする3つのこと

①1年生での学びを実感させる

　2年生は，同じ低学年ですが，1年間の経験値があります。その積み重ねをメリットとして生かすことが大切でしょう。同じ低学年というくくりで，同じノリでやってしまうのは，あまりにもったいないです。

　経験値というのは，道徳授業の場合は次の2つが挙げられます。

　❶既習学習の積み上げによる経験値
　❷実体験からくる経験値

　❶はどの教科にも当てはまるものです。というか，他教科はこの学習の積み重ねがポイントとなるでしょう。それに比べると道徳の場合，❷の重要度が大きいと言えます。これなくしては，授業に厚みが出てこないかもしれないくらいです。

　では，順番に説明していきましょう。

❶既習学習の積み上げによる経験値

　扱う内容項目は，1年生も2年生も同じですから，当然のことながら，同じ内容項目の学習を2年間で2度3度行うわけです。ここが他教科と異なるところですが，一度学習したからといって，その学習内容をしっかりと身につけ

ることができるかというと，そうではありません。同じ内容項目について，何度も繰り返して考えることで次第にみえてくるものがあるのです。ですから，何度でも問うことのできるテーマ設定をすることにより，思考が深まっていくと言えるでしょう。

　また，多面的・多角的と言われるような，多様な視点からものごとを捉える練習を重ねてくることによって，1年生のときは気づくことができなかったポイントを，2年生では捉えることができるようになります。

❷実体験からくる経験値

　学びは授業中だけではありません。むしろ，授業の前後の時間が大切。というのは，授業で考えたことを実践・検証することができるのは，他教科他領域の学習だったり，日常生活での体験だったりするからです。これぞ生きた学び，授業中の学びを机上の空論としないためにも，「実際やってみた」体験がものを言います。

　例えば，親切，思いやりの授業で教材の中の登場人物の行動のよさを考えるとき，自分がこれまで受けてきた親切や思いやりが心に残っていればいるほど，「ああ，そういえば自分も温かい心になったな」と，体験を通してより深く実感することができます。これは授業後も同じです。

　このように，授業とその前後の授業につながる実体験を繰り返すことで，学びはより太くなり，深く定着していきます。

②お兄さん・お姉さんを実感させる

　小学校で一番下の学年のときと，自分たちの下に後輩がいるのとでは，意識に大きな違いがあります。

　ぼくたちはもうすぐ２年生になります。この教室ともおわかれです。今度入ってくる１年生が気もちよくつかえるように，いっしょうけんめいそうじをしました。

　この日記からもわかるように，後輩がいるという自覚があると，自ら動こうとする力が湧いてくるのです。

「がんばってそうじをしましょう」

　このような言葉がけは，担任教師は常日頃から行っていますね。けれど，なかなか響かないこともあると思います。

　そのため，毎日の清掃指導の中で，注意したり，励ましたり，ほめたりして積極的な清掃態度を促します。道徳の授業で，「すすんではたらく」というような主題で「勤労，公共の精神」について学び，日常生活につなげることもあります。

　どれも必要な指導ですが，「発達段階におけるピンポイントのチャンスを逃さない」ということも大きな要素となることでしょう。「１年生に気持ちよく教室を使ってもらうために」というモチベーションは，１年生から２年生に進級するタイミングでしか訪れません。このチャンスをどう生かすかによって，同じ活動でも大きな違いを生み出し

ます。

「1年生のためにがんばりましょう」

「あなた方はもうすぐ2年生になるのだから……」

このような言葉がけでも子どもたちはがんばるでしょう。けれど，そこにもう一つ味付けをしてやることで，パフォーマンスが飛躍的に向上するのではないでしょうか。例えば，

「これは今度入ってくる1年生が喜ぶだろうなあ・…」

「そこまできれいにしてくれたの!?　ありがとう，さすがだね」

「○○さんみたいな仕事をしてくれる人が2年生になってくれると，この学校はますますステキになりそう」

などと声かけをすることも大切です。ポイントは，できるだけその場で，具体的に，そして「自分言葉で」です。自分言葉とは，「私はこう思った」という主語が自分の言い方です。「あなたは偉い，よくがんばった」などという第三者的な言葉とはちょっと違う力があります。

「北風と太陽」の話で例えるなら，太陽ですね。子どもたちに太陽の光を浴びせ，その温もりを共有し，意味づけし，「あなた方にもありますよ」と，子どもたち自身に返してやるのです。そこから子どもたちを，「〜しなければけいない」ではなく，「〜したい」の世界に導いてやるのです。

③してもらう側からする側へ　立場を変えて考えさせる

　１年生から２年生になるということは，これまで一方的にしてもらう立場だったものが，する立場に変わるということです。

　そこで大きな影響を及ぼすのが，「自分がしてもらってきたこと」です。つまり，１年生のときにどれだけのことをしてもらってきたかを，１年生のうちにきちんと自覚させておくことが大事です。これを流してしまうと，せっかくの貴重な「してもらった体験」が，ただのよき思い出で留まってしまいます。つまり，自らの体験を意味づけするという学習体験が必要なのです。

　では，どうしたら意味づけできるでしょうか。まずは，「してもらった」行為行動のもとにある気持ちを考えさえる必要があります。それができるのが，道徳の時間です。ということは，道徳の時間は行為行動を学ばせるのではなく，そのもとにある心を考えさせる時間ということになります。１年生のうちから，目に見える行為行動ばかりに着目させるのではなく，それを生む心に気づかせるような展開を心がけることが求められるということです。

　そのような，行為行動を生む，もとの心に気づき，意味づけできるようになっていると，いざする側になったときも，相手の思いをくみ取りながら，適切な言動をすることができるようになります。

　今日，新しく入ってきた1年生のためにできること
はないか，考えました。きっと学校に入ったばかりで，
わからないことやふあんなことがたくさんあるだろう
な。そういえば，ぼくが1年生のころ，6年生のお兄
さんが，学校をあんないしていろいろ教えてくれたこ
とを思い出しました。あのときのお兄さんのようにで
きたらいいな。

　この日記のように，してもらったことを思い出し，我が
身に置き換えることができると，その意味がわかってくる
ようになります。例えば，「1年生の頃，6年生と一緒に
遊んでいたとき，遊具の順番を先にしてくれたことがあっ
た。もちろん嬉しかったけれど，それは私に早く学校に慣
れて好きになって欲しいと思ったからだったんだな。今だ
からわかる」というようなことを日記に書いた子どもも い
ましたが，そういうことです。

　そのときは夢中であまり深い意味まで考えなかったけれ
ど，立場が変わった今なら，今だからこそ，わかる！とい
う世界です。

6年生と交流する1年生。つくっ
てもらった遠足のしおりを渡され
て，話をしているところ

Column

　子どもたちが目の色を変えて話し合いに臨み，深く考えていくような道徳授業ができれば理想ですね。けれど，子どもたちに調子よくしゃべらせているだけでは，深い思考には至りません。深く考えさせるためには，それなりの土台が必要です。そのために，特に低学年では教えるべきこと，身につけさせるべきことがあります。これが基礎基本です。これはきちんと教えないといけません。子ども主体だからといって，すべて子どもたちの意思に委ねると，「易きに流れる」ことになってしまうこともあります。

　道徳授業の場合，経験値がものを言う場合も少なからずあります。礼儀の授業をする前に，きちんとしたあいさつをする体験をしておくことで，あいさつの意味を深く考えることにつながるでしょう。親切も規則の尊重もみな同じです。

　もう一つ，基礎基本は教えるべき理由があります。それは，洗練された「型」には力があるということ。長年の経験から組み上げられてきた「型」には，効率的に技を習得するエッセンスが込められています。基礎基本を身につける（教わる）ことによって，その後のスキルアップが格段に違うのです。

　型には力がある。「形から入る教育」を否定せず，そのメリットを理解し，生かしながら，なおかつ「形にとどまらない教育」を目指す。この塩梅が大事であり，低学年の場合は「型の指導」の割合がちょっと大きくなるのでしょう。

3章

1・2年生の授業と子どもの反応

1年生・1学期

　入学したての1年生，何もかも初めての体験の中，道徳の授業はどのようにしたらよいでしょうか。

　「道徳ってこういうお勉強だよ」と説明する部分もありますが，それだけではピンと来そうもありません。

　教材を使って授業しながら，授業の仕方や心構え，ノートの使い方などをレクチャーしていくのもよいと思います。

　子どもたちにノートを配り，黒板をノートに見立てて，かきながら授業に参加させます。

　ポイントは，具体物から入り，抽象概念に触れさせることです。具体物と言ってもいろいろありますが，道徳授業では，やはり「絵」でしょう。絵を効果的に使いながら，気がついたら深入りしていたという世界にもっていきたいものです。

　私がよく使うのは，「デフォルメした顔」です。例えば，「友だちと遊んでいるときの顔をかいて」と言えば，ほと

んどの子が「(^^)」こういう顔をかくでしょう。

　かかせた上で聞きます。「どうしてその顔にしたの？」すると子どもたちは，「だって……」とか，「ぼくもそういうときがあったから」などと，自分の経験をもとにしながら，生き生きと語り始めます。これが「自分言葉」です。

　それを教師が黒板に「代筆」します。すると子どもたちは，「もっと笑った顔」とか「星を入れて！」などと好き勝手なことを言い始めます。これがいいのです。調子に乗ってきた証拠ですから。

　当然，「私はこんな顔」「ぼくはこれ」等と，わちゃわちゃ始まりますね。先生と話しながら，隣近所の友だちとも会話がはずみます。そうやって緊張感がほぐれ，仲間を認識しながら授業に入っていくのです。

　子どもたちの活動を中心に据えながら，道徳の授業をきっかけに，学級をつくっていくこともねらいの一つです。

1年生・2学期

　夏休み明け，子どもたちは様々な体験を積み重ねることでしょう。私のクラスでも，子どもたちはいろいろな「自由研究」を作品にして持ってきました。このようなリアルな実体験から得た学びを通して，子どもたちは学校の学習と日常の体験とがリアルに結びついていくということを身をもって体得していくようになります。

　夏休みに限りませんが，このような日常の豊かな体験をその場限りのものにせず，きちんと意味づけしてやることが大事です。

> 　ぼくはなつやすみに，じぶんでできるおてつだいを
> ってみました。モップそうじやおさらあらい，そして
> せんたくものたたみをしました。そうしたら，かぞく
> がありがとうと，すごくよろこんでくれました。ぼく
> はよろこんでもらって，すごくうれしいきもちになり
> ました。これからもつづけたいです。

　道徳授業で学ぶ「勤労，公共の精神」という内容項目に
つながる体験や「相手が喜んでくれると自分もうれしい」
という日常体験等々，この意味を考えさせておくのとそう
でないのとでは，今後の授業の深まりが大きく変わってく
ると思いませんか。

　道徳授業で体験を生かすということの一つに，このよう
な日常体験を意味あるものにしておくということがあると
思います。

　なお，作品は子どもたちがいつでも見られるように展示
しておき，折に触れて話題に出すようにしています。

１年生・３学期

　１年生最後の学期，いよいよ２年生への道が見えてくる時期です。だからこそ，これまでの道のりを再認識し，充実感をもって進ませたいものです。

　このタイミングで，先を見せるのではなく，これまでを見せる（魅せる）活動を入れましょう。この約１年間でできるようになったこと，成長したこと，頑張ったことなどを出し合い，自信をもって次の学年に進む一歩となるよう，背中を押してあげましょう。

　最初の４部１年は，みんなでする活動がうまくできませんでした。でも，毎日朝の会をしていて，だんだんみんなでする活動が上手になってきました。

　たん生日会でげきなどをはっぴょうするとき，春の間はきんちょうして，あまり大きな声が出ませんでした。

　でも今は，みんな大しん友で，しっぱいしても大丈夫とわかっているので，とても大きな声がでるようになりました。入ったばかりのころは，できないこともあるけれど，みんながいるからいっしょに成長できるんだなと思いました。

　道徳では，「もうすぐ2年生」という教材で授業をしました。

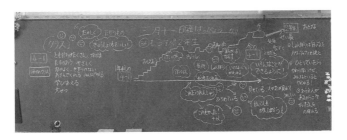

　もうすぐ2年生になるという緊張感とワクワク感を共有しながら，これまでとこれからを見通すような展開・板書にしました。

　このように，このタイミングで行うことの必然性を意識しながら道徳の授業を行い，それに関連連携させて他教科他領域の学習や学校行事，そして日常生活を位置づけるのです。それによって，道徳の授業だけでは実感できない学びの発展性を期待することができます。

　道徳ノートも，一人ひとりの個性がかなり出始めるころでしょう。それは，各自の学習体験による違いが反映されるからです。

　各自の学びを意味づけしてあげられるようなコメントをしたいですね。

2年生・Ⅰ学期

　2年生のⅠ学期は，後輩が入ってくるという自覚と緊張感とともに，お兄さん，お姉さんとして頑張っていこうとするキラキラした高揚感をもって諸活動に臨ませたいものです。

　このタイミングで愛校心，集団生活の充実などという内容項目の授業をしたらどうでしょうか。

　Ⅰ年生の頃は，右も左もわからず自分のことで精一杯だった子どもたち。視野を広げて，学級や学校のことを考えさせるちょうどいいチャンスです。私の学級の2年生は，「学校大すき」という教材で，学校全体のことを見つめ直してみました。

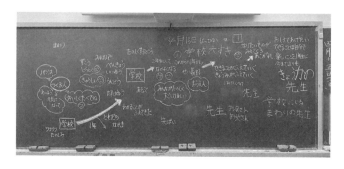

〈『　』：教師　「　」：子ども〉

『みなさんは学校大好きですか？　それはなぜですか』

「道徳や図工の授業がおもしろいから」

「給食がおいしい！」

『なるほど，授業を面白く，給食を美味しくしてくれているのは誰かな？』

「先生たち」

「給食室の人たち」

「友だち」

『そうか，いろいろな人たちのおかげで，大好きが増えているのですね』

このように，「人」が媒介となって，学校で行われるカリキュラム活動すべてが意味のある，充実したものになっていることを実感させます。これは，ある程度経験を積み重ねた2年生だからこそできる学習活動です。

このような学びを「体験が生きる」とか「体験を生かす」などと言う場合がありますね。授業が要となるのはもちろんなのですが，その前後の体験も大切な要素なのです。

2年生・2学期

　　数日前，出し物のことで言い合いになってしまいま
した。りゆうは，だれがたい長になるかということで
した。ぼくは友だちに，「自分がだい名をきめたから
といって，たい長じゃないよ」と強く言ってしまいま
した。けっきょくそのお友だちとは，チームがバラバ
ラになってしまいました。

　　ぼくは家に帰ってそのことをお母さんと話しました。
「その言葉を自分が言われたらどんな気持ちになる？」
と言われてはっと気づきました。相手を傷つけてしま
ったなと思いました。自分の心がくるしくなりました。
これではダメだと思い，次の日学校で，「昨日はごめ
んね」とあやまりました。そうしたら，「こちらこそ
ごめんね」と言ってくれました。言葉っていろんな力
をもっているなと思いました。

　クラスでともに過ごす時間が増えれば増えるほど，お互
いのことをわかりあうようになり，友だち関係が深まって
いきます。と同時に，「馴れ合い」「固定化」が始まってし
まうこともありますね。

　「これくらい言ってもいいや」「この子はこんな人」この

思い込みが，要らぬトラブルを起こす引き金になってしまうこともあるでしょう。

　それを防ぐにはどうしたらよいでしょう。もちろん，学級指導的な部分ですべきこともあるでしょうが，そこに道徳の授業をからませることで，より効果が上がる教育活動にできそうな気がします。

　このようなタイミングで行う道徳授業でおススメなのは，「友情，信頼」「相互理解，寛容」の授業です。

　友情とは何かを考えさせられました。友情は相手を思う感情のことだけど，目には見えないものなので，とてもむずかしいと感じました。　　　　　（2年男子）

　私は，近くにいるのが当たり前と思っている人（先生，家ぞく，友だち）が大切な人だということをわすれないでいたいです。　　　　　　　　　　（2年女子）

　これは，「友情，信頼」の授業をしたときの，道徳ノートです。「友だちとは何か」を通して，あたり前のように身近にいる存在について改めて考えてみる。すると，わかっているつもりできちんと考えていなかったり，向き合っていなかったりしていたことに気づいていく。つまり再認識し，自分なりの価値観を再構築していくわけです。

　このような「考える経験値」は普段はなかなか積み上げられない。だからこそ，道徳の授業で取り上げることによって，みんなで考えていく意味があるのです。

2年生・3学期

　いよいよ低学年を「卒業」するこの時期，道徳の授業に限りませんが，「2年間を振り返る」学習活動は欠かせませんね。

　Kくんは，「ぼくが今できること」を考え始めました。

　ぼくは今，どんな発展学習をしようかと考えています。授業の中でやったことを生かして，ふり返ってみると，真っ先に頭に浮かぶのは道徳です。その中でも，「〜のおかげ」や「〜のために」が，ぼくの中に強く残っています。なので，ぼくが今できる「〜のために」を発展学習でやってみることにしました。そこで，新1年生のためにお祝いの気持ちをこめてプレゼントの花をつくることにしました。

　入学したときは，わからないことばかりで不安な気持ちの方が強いと思うから，少しでも笑顔になって不安が楽しいに変わってくれたら，とてもうれしいです。気持ちをこめてプレゼントづくりをがんばります。

　このように日記にかき，それを実践し始めます。Kくんのさらにすごいなと思うところは，それを朝の会で発表し，「みんなも一緒にやりませんか？」とクラスの仲間にはた

らきかけたことです。

　そのために模造紙にまとめたことをもとに発表し，提案という形で投げかけたのです。それを聞いたクラスメイトは，もちろん大賛成し，みんなでやることになりました。

　このような活動は，結果的には自然発生的に起こっていますが，もちろん何もしないままで起きる確率はゼロに近いでしょう。当然のことながら，学校生活の中でいろいろな伏線とでも言いましょうか，手立てを講じた上での結果なのです。

　その一つが道徳授業。Kくんも「『〜のおかげ』や『〜のために』が，ぼくの中に強く残っています」と日記にかいているように，授業でインパクトを残すことがポイントです。その上で，自らのこだわりにつなげて実践という形にさせることも重要です。ということで，2つ目のポイントは，「自分にできることを考えてやってみよう」という投げかけです。今回はそれを「発展学習」という言い方で子どもたちに伝えておきました。発展，つまり「授業をもとに，自分で考えて広げてごらん」ということです。このような指導者の投げかけや外枠づくりが欠かせないのです。

Column

　私のお母さんは，いつも笑顔でごはんをつくってく
れます。私はお母さんに，「いつもどうして笑顔でご
はんをつくってくれるの？」と聞いてみました。する
とお母さんが，「いつも元気で学校に行くエネルギー
をごはんに入れているからだよ」と言ってくれました。
私はそれぐらい私のことを考えてごはんや家事をして
くれているんだと思いました。そういうお母さんに，
おれいのお手伝いをしたいと思いました。お手伝いは，
つくえ，いすをふいたり，くつをきれいにならべたり，
私ができるかぎりやりたいと思います。これからずっ
とつづけたいです。お母さんみたいなエネルギーを人
にあたえられる元気な人になりたいです。

　人を動かす原動力は，太陽です。温かい心を自由に解き
放ち，よかれと思うことをする。そのような「理想像」が
近くにいてくれることがどんなに励みになることか。家族
もしかり，友だちもしかり，教師も……。
　道徳教育は，子どもたちに太陽を浴びせ，「理想」を語
らせることが本来の姿だと思います。
　その理想の○○像は，「これをしなければいけない」は
ありません。時と場と相手によって臨機応変に変わってい
くでしょう。「教師として○○しなければ」は，すでに北
風の罠にはまっていますね。

4章

押さえておきたい
授業の技

技1　数値化

　私は授業を安易にワザ化するのには抵抗を感じる一人です。小手先の技術でどうこうできる世界で授業を語りたくない。子どもを操るような感覚になりたくない。

　しかし，確かに「理論に裏打ちされたワザ」があることも確かでしょう。黒板の横書き・図式化もその一つです。

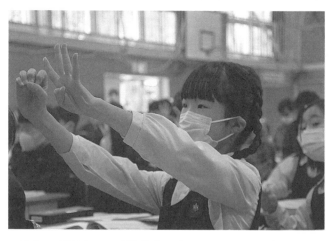

　それに付随して，「数値化」させるというワザがあります。たとえば，「教材の始めと終わりで，登場人物2人の友だちレベルは変わったかどうか」というようなテーマで話し合う場合。教材には，主人公や登場人物の変容が描かれていることが多いので，まずはそれを図式化します。数直線が右に上がっていくイメージでしょうか。

　そのようなイメージ化をする際に，「道徳ノートに線を
かいてごらん」という投げかけ方もあるでしょう。そこに
「始めと終わりのレベルを何パーセントぐらいか表して
（数値化して）ごらん」というパターンもあるということ
です。図式化になじまなくても，数値化にはすぐに反応す
る子もいます。あくまでも子どもたちが「語る言葉をも
つ」ためのツールとして考えてください。数値化が目的で
はありません。

　数値化を促す際に，「指で表してごらん」と言って，口
頭の発言ではなく，指表示での意見表明を求めると，一人
ひとりが，自分の席でもぞもぞ指を動かしながら考え始め
ます。これが大事なのです。全員参加の意思表示，隣の友
だちの指使いを見ながら合わせる子もいるでしょう。それ
も OK です。数値化することが目的ではなく，数値化しよ
うとすることが大事なのですから。なぜなら，「あれ，ど
うして自分は〇〇パーセントにしたのだろう」とか「う〜
ん，決められないぞ。どうしてだ？」などと，自問自答が
始まることを目的としているからです。こうやって，数値
化しようとすると，別の思考回路がオンになります。その
数にした説明は，後付けで構わないのです。もしかしたら，
初めに思った数値と，話し合い後の数値は違ってくるかも
しれません。それでいいのです。というか，それが目的の
一つですから。始めと後の自分の考えの変容を自覚すると
いう点において，図や数で明記しておくことは，とても有
効な手立てです。

技2　比較・選別

　図式化や数値化と同じように効果的なワザが，「比較・選別」です。

　教材には変容が描かれていることが多いということは前述しました。そのビフォー・アフターを比較させるのです。たとえば「違いは何か」とか「変えたものは何か」という発問と併用して二者を示すのです。そのバリエーションとして「どっちがいいか」を問うことがあります。

　この発問は，様々な観点から申し述べることができます。なぜなら，「一般的な答えは何か」を聞いていないからです。そうではなく「あなたはどちらを好むか」というように，自分自身の価値観を問われているわけです。ということは，教科書的な答えにすり寄せなくても OK なわけです。「自分はこう思う」がはっきり，しっかりあれば，それをもとに答えることができます。当然のことながら，その「回答」は子どもによって違ってきます。まさに多面的・多角的です。

　この類いの発問に対応できる子たちは，読み取りに長けていたり，一般常識をわきまえていたりするわけではありません。それよりも，問題意識をもって生活し，常に主体的に考え，こだわりをもっているような子たちです。正解がある問題ではなく，答えのない問題に向かって考えよう

とするレジリエンス（学びへ向かうたくましさ）がある子たちです。これこそが，「生きる力」に直結するものではないかと思います。

　ただ，機械的に「どっちがいいか」を問うだけではだめです。その後，必ず「なぜそう思ったの？」を聞いてあげましょう。こここそが本人にとってのこだわりポイントなのですから。

　「なぜ？」と聞かれた子どもたちは，「だって……」「え，何でだろう？」等と，いろいろな形で自問自答を始めます。このような自問自答に意味があるのです。そこから出てくる考えは，きっと教科書を読めば答えられるような，わかりきったものにはならないはずです。

技3　板書の視覚化

　横書き・視覚化板書の工夫は，長年私なりに開発し，改良を重ねて開拓してきたものであり，手応えを感じているものの一つです。

①板書の視覚化・構造化

　低学年の場合，特に言語情報だけでなく図式やチョークの太さ，色，かく場所等々から得られる情報を駆使することで多くの学習効果を期待できます。そのような板書形態の場合，横書き板書になることが多くなります。

　ただ単に図や記号を入れるということではありません。登場人物の関係性を明らかにするために対比させる場合も「板書にかきながら」考えさせることで，新たな気づきが生まれてきます。

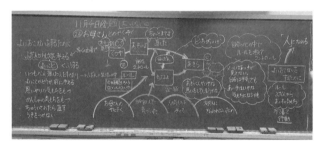

１年生の授業の板書

　発達特性として，低学年は感覚的に理解する部分が多い

と考えられます。その感覚に直接はたらきかけるような板書の工夫が求められます。

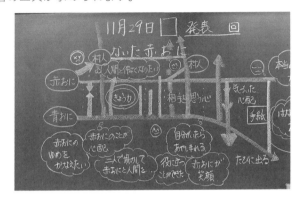

2年生の授業の板書

②黒板の駆使

黒板は，基本的に全部使います。下の写真は横長黒板を使った実践ですが，左に授業前の価値観をかき，それが右上がりに変容する様子を矢印で表しています。教材や内容項目の特性にもよりますが，成長のベクトルをイメージした図式化が効果的なものは数多くあります。

このような右肩横上がりのベクトルを使って板書をつくっていく場合，左右の余裕が大切なパーツになります。と

いうのは，子どもたちと話し合いをしながら，自然に「この話の前は，こんなことがあったんじゃないかな…」とか，「きっとこの人たちなら，この後こんなことができる（このような会話をしている）かもしれないね」などというように，教材に描かれていない世界に入り込み始めるのです。そのときに継ぎ足しで「アナザーストーリー」をかいていくスペースがあることが大事なのです。

③板書に子どもたちが参加する

　子どもたちが黒板に自分の考えを反映させることで参加意識が高まります。子どもたちは黒板にかきながら説明を加え，互いの思考を視覚的に共有することができます。

　「黒板にかきながらの意見表明」を当たり前にしてあげましょう。

　始めは，教師が「あなたの考えを黒板にかいて説明してくれるかな」と促してもよいでしょう。次第に「ちょっと

説明していいですか」と自ら黒板に出てくるようになります。また，一人が黒板にかいている間，他の子たちには道徳ノートに自分の考えをかくようにさせると，同時進行で事が運びます。

　そのような授業展開をしていると，最終的には下のように全員参加の板書となります。

　ぱっと見では，ごちゃごちゃしていて何が何だかわかりにくいかもしれませんね。しかし，そこかしこに子どもたちの「生きた言葉」がちりばめられており，「黒板をつくった」感は半端ないです。自分たちの言葉・意見によって黒板がつくられる，それはすなわち授業をつくったということですね。そのような主体的な参加意識がついてくれば，どんな授業でもありきたりなゴールにはならないような気がします。

技4　道徳ノートの活用

　これも，全国でほとんど浸透していないころから，私が毎日のように取り組んできたことです。思えば本校が専科性をとっていたのも，道徳ノートの必要性を感じさせてくれた要因です。初めはプリント形式，そこから白紙ノート，大学ノート等を経て，現在の5ミリ方眼罫ノートに落ち着きました。

　私は1年生の初めから道徳ノートを使わせています。「先生，どこにかきますか」「全部かかないといけませんか」等々，初めは質問の嵐です。もちろん，文字をかくというよりも，初めのうちはお絵かきのようになってしまっても構いません。お絵かきしながら，発問によって新たな気づきを見出させるのです。

　初めはかくことに没頭させるだけでもよいと思います。「このときのこの子はどんな顔をしているかな？　ノートにかいてごらん」と投げかけ，自由にかかせます。顔の絵をかかせた後，「なぜそう思ったの？」と聞き返します。笑顔の絵をかいた子は，「だって，ぼくもこの遊びが好きだから」と答えたとしましょう。「そうだねえ，楽しいもんね」と受け止めてから，次のような問い返しをしたらどうでしょう。

・自分一人でやるときと，友だちと一緒にやるときとでは，

その「楽しい」は同じかな？

・初めはあまり好きではなかったけれど，何度かチャレンジしていくうちにできるようになったときの笑顔とくらべたらどうかな？

　あくまでも例ですが，このように返されると，自然に自分では意識していない思考回路を使い始めていると思いませんか？

　このように，学びの入り口は子どもたちのペースに合わせますが，「気がついたら考えていた状態」にもっていくことで，たとえ低学年であっても，次第に深い学びへと誘うことができます。

　ノートは，かきながら考えるツールとして使います。自由にかかせる（レイアウトさせる）ところに意味があるのです。決して黒板を丸写しさせたり，全員一律の仕上がりを求めたりしてはいけません。

　ある程度文字もかくことができるようになり，ノートに慣れてきたら，振り返りをさせましょう。感想でもいいし，今日一番心に残った言葉でもかまいません。留意したいのは，なぜそう思ったかまでかかせることです。

　例えば，「楽しかった」も感想ですが，これでは何が楽しかったのかがわかりません。「友だちを信じる」という言葉が心に残ったとしたら，どうしてそれを選んだのかまで聞かないと，学びの成果につながりません。教科として行っているわけですから，何を感じたのか，何を学んだのかは，受け手の思いまで含めて自覚させる必要があるでし

ょう。

　授業で思いがあふれてくると，感想をたくさんかくよう
になります。すると，授業時間内では間に合わなくなりま
す。そのような場合，家に持ち帰ってかいてくるように促
しています。別に翌日でなくても構いません。というのも，
家庭での思考・試行も大事な学びのチャンスだからです。
このように，ノートがあると学びが継続します。

①道徳ノートを宝物に

　毎時間自由にかいているうちに，道徳ノートが一人ひと
りの思いを受け止めてかかれたオンリーワンノートになっ
てきます。そのタイミングで，友だちのノートを「回し読
み」させることがあります。もちろん，内容面の配慮をし
て，子どもたちの同意を得た上で行います。

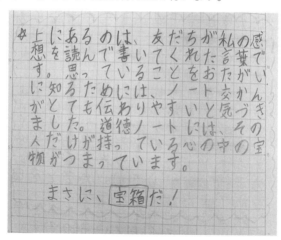

　友だちのノートからの発見が，自分の「宝物」つまり糧になります。友だちからのメッセージもうれしいことでしょう。低学年だからこそかもしれませんが，このような活動は身も心も結構盛り上がります。

②思考ツールの活用

　例えば，ウェビングマップなど，ブレインストーミング的な思考ツールをノートにかかせることによって，視野が広がり，思考が整理されます。

　上の例に限らず，ベクトルや階段，ベン図等々，様々な思考ツールを使う練習としてノートを活用することもできます。できれば子どもたちの自由な発想を生かして，一律の思考ツール活用を求めるのではなく，「面白い考え方ができたら教えてね」くらいのスタンスの方がお互いに気が楽ですよ。

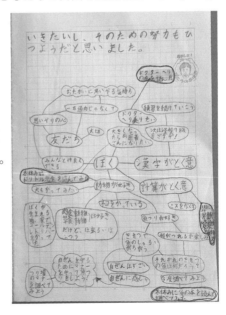

Column

　道徳授業で「体験を生かす」とはどういうことでしょうか。要するに「これまでの体験が生きてくるような道徳の授業をする」ということだと思いますが。

　私は大きく分けて次の4つがあると考えています。

　①事前の体験をもとに考える

　②授業中に疑似体験をする

　③授業後に考え続けたり，実践したりして深める

　④授業後に，授業前の体験が意味づけされる

　私のクラスの子どもたちが2年生になったばかりのころに道徳授業で自分たちの学校や学級について考えさせたことがあります。

　学校の先生たちはぼくたちみんなのことを大切に思ってくれている。だから，ぼくたちはみんな学校が大すきなことがわかりました。おにいさん，おねえさん，クラスの友だちも，みんなたすけあって学校が楽しいばしょになっていることもわかりました。

　ぼくはつくば小が大すきです。ぼくたちも新1年生に，つくば小のいいところをたくさんおしえてあげたいです。

　自分が体験してきたことをもとに考えるからこそ，教材に感情移入もしやすくなるということだと思います。

5章

考え抜く
発問のポイント

本質的な発問

　本章は，私が20年間試行錯誤し，積み上げてきた発問に
対する考え方やその方法について，１，２年生に特化して
述べていきたいと思います。いわば，私の現時点での発問
の集大成です。

　子どもたちを深い学びに誘う発問とはどういうものでし
ょうか。それに対して，考えなくても答えることのできる
ような問いもあると思います。すぐに答えることができる
発問と，考え込んでしまい即答できない発問とは明確に区
別する必要があるでしょう。

　考えなくてもすぐに答えることができる「発問」という
のは，現象を表層的に問うようなものです。例えば，「二
わのことり」の教材で言えば，「みそさざいは，誰と誰の
家に行ったか」とか「うぐいすの家のようにごちそうがた
くさんあったらどんな気持ちになるか」などというもので
す。

　これらの「発問」は，ある程度読解力があったり，常識
的な発想ができたりすれば，容易に答えることができます。
なぜなら，「答え」が読み取れるようにかいてあったり，
容易に推察できたりできるものだからです。この類いの発
問のメリットは，「答え」が見つけやすいので，発言に自
信がない子も手を挙げやすい，授業に参加しやすいという

ことがあると思います。また，支援が必要な子どもたちにとっても，このように順を追ってストーリーをおさえていくことで理解が深まるということもあるでしょう。

　これに対して，本質的な発問は，現象を問わないため，かいてあることをもとに「即答」することができない問いです。考えが多様に拡散したり，見つからなかったりするので，子どもたちが返答に時間をかける様子が見て取れるのです。

　「二わのことり」で言うと，「うぐいすの家に客としてきている小鳥たちと，みそさざいとの違いは何か」というようなものです。これは「違いはない」とも言えるし，「違いがある」とも言えます。即答できないし，「答え」が拡散するのです。そして，その次に必ず「だって，同じ鳥だから」とか，「同じ鳥だけれど，他の鳥たちは……」というように自分の頭で考え始めます。答えがかかれていない，類推できないので，自分で考えるしかないのです。

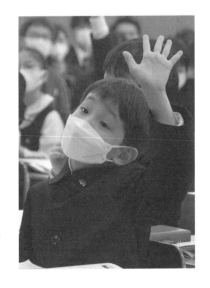

　このような発問をされた子どもたちは，決して威勢よく手を挙げません。思案しながら

そっと挙げます。

　この類いの発問の特徴として、「わかり切ったことを聞かない」ということもあるでしょう。

　即答できる発問とそうでない発問、これはどちらがよいかという問題ではありません。両方必要です。その軽重は児童の実態にもよると思います。ただ、あらすじを把握して授業が終わりということはありませんね。そこからが重要です。どのようにして自分自身の生き方と深くつなげていくことができるかというところに授業の主眼を置くべきでしょう。つまり、最終的には本質的な深い問いに向かうのです。

　ところが、必要以上に段取りに時間をかけてしまうと、「さあこれから深めていくぞ」というところで時間切れなどという、泣くに泣けない状況に陥ってしまうこともあるのではないでしょうか。私は初任の頃、このような思いをしたことが一度や二度ではありませんでした。

　子どもたちが深く考え、よりよく生きる糧となるような発問、一つの発問でじっくりと時間をかけることができるような展開はないものだろうか。

　この問題意識が、私が発問にこだわるようになった原点だったのかもしれないなと、今になって思います。一つの問いにじっくりと時間をかけ、問いそのものを熟成させていき、一人では考えつかない世界を練り上げていくところ

に，醍醐味があるのです。

　そして，議論を通して深く考え，何かにたどり着いたとき，子どもたちの手の挙げ方は目に見えて変わります。

　「わかった！」「ちょっと聞いて！」という感じで，途端に威勢よくなります。とはいえ，それで全てが解決したわけではないのです。むしろ，そこからが本番。子どもたちが見つけた宝物の原石のような言葉を紡ぎながら，意味づけをしていくのです。ここに教師の関わりどころがあります。時には問い返したり，他の子に意見を求めたり，再確認する意味で反復したり，黒板にかいたり，感心したり，思い悩んだり。そして何より大事なのが，教師としての考えを伝えることです。これが指導です。

発問と問い返し

　「他の小鳥たち」と「みそさざい」の違いは何か。

　前述したように，この類いの発問は拡散します。問いを発して終わりではなく，そこから問い返しをしながら深めていくことがポイントです。文章としてかいてあることから読み取っていく展開ではなく，かいていないけれど確実にあるであろう心の動きを分析し，意味づけし，自らの糧にしようと思うことができるようにしていくところに，道徳授業の醍醐味があると考えます。

　例えば，この場合は，「違いがあるとしたら何か」「どうしてそう思ったのか」を問うことで，「他の小鳥たちはごちそうを見ている。自分のことを考えている」というように思考がつながり，広がっていきます。

　これは，「他の小鳥たちとみそさざい」という二者を意識することで生まれてくる思考です。「似て非なる」二者を設定し，「違い」を考えると初めて見えてくるものがあるのです。「違い」が見えてくると，「どんな違いがあるのか」「どちらがよいと思うか」「なぜそう思ったのか」ということに自然に視点が行くようになり，自問自答を始めるのです。

　これを比較する発問と言います。比較することでそれぞれの特徴を捉えながら，自ずとよさについて考え，価値観

を構築していくことができるようになるのです。ですから，比較はあくまでも手段であり，目的ではありません。

　比較することで，「みそさざいのよさ」が見えてきます。「他の小鳥たちは自分のことしか考えていないけれど，みそさざいは，相手（友だち）のことを考えている」などというように，ＡとＢを比較することによって，各々の特徴が見えてきて，Ｂのよさに気づいていくという感じです。Ｂのよさを，教え込んだり，読み取らせたりするのではなく，自分自身の価値観に向き合わせながら理解させていくという，子ども主体の展開です。

　「みそさざいはやまがらのことが心配で行ってあげた」というような表面的な読みではなく，そのような行為を生んだ心について考えさせることがポイントなのです。

　そのためには「うぐいすの家にいるときのみそさざいと，やまがらの家にいるときのみそさざいでは，どちらが笑顔か」とか「みなさんは，どちらの鳥と仲よくなりたいか，それはなぜか」などというように，行為を生む心に焦点を当てる問い返しが必要なのです。

みえないものをみせる発問

　「見える」世界とは，教材で言えば描かれている世界。ストレートなメッセージとしてすぐに読み取ることができる世界。それを聞く発問というのは，あらかじめ想定される答えを見つけさせるわけですから，新たな気づきを得るというよりは，再確認すると言った方がよいかもしれません。たまたまそのような展開の発問をしたときに，ある５年生の子どもから「今の先生の質問は見直しに過ぎない」と言われたことがありますが，言い得て妙だなと恐れ入った記憶があります。

　発達段階を考慮するということがあります。１，２年生の場合，「見直し」どころか「初めて知った」という段階かもしれませんし，「見直しをした方がいい」場合もあるでしょう。けれど，「１，２年生だから」「まだよくわかっていないから」という見方をするのはどうでしょうか。幼い子どもたちは，「こういうものだ」を素直に受け入れることが多いでしょう。そのような子どもたちに，「自分がしていることを見直しなさい」「反省しましょう」と促すような指導が必要ないとは言いません。しかし，少なくとも道徳の時間では，それを乗り越えたところにある，人としての尊厳を大事にしたいと思うのです。

　項目題を「みえない」とひらがなで表記したのは，目で

見える世界だけを相手にしていないからです。目で見る、つまり文章を読むだけでは気づくことのない世界をいかに「みせる」か。ここに発問の力が必要となってくるのです。15年ほど前に『教師の発問力』という単著を出したことがありますが、私の原点はここから変わっていないと思っています。

　問われ、考えることによって、これまで気づくことがなかった世界に入り、新たな感動や価値観の更新が行われる。「みせる」には「見せる」「魅せる」「観せる」など、様々な漢字が充てられるでしょう。

「察」の発問

「見視観察」という言い方があります。

「見」は目に映る光景

「視」は凝視というように，意識的に視ようとすることで見えてくる光景

「観」は表面的に見えるものの存在理由を考えることで観えてくる光景

「察」は自らのよき心から意味を考えること

「映画をみる」というときに，私はこの「観」という字を充てますが，そこにはその映画から伝わる制作者の意図や原作者の想いなどを，スクリーンを通して探ろうとする意志があるからです。

　他人がしたこと・現象は，そのままでは自分の生活・生き方に重ねることはできません。登場人物の生き方はあくまでもその人のものであり，状況が全く違うからです。では，共有できるものは何か。それが本質であり，行為を生むものです。この人がどんな思いでこのような行為行動をとったのかという，思いは共有できるからです。

　だからこそ，理由を問う，つまり「なぜ」を問う発問が必要なのです。

　「察」はさらに深く，自分と重ねてものごとをみること
を意味します。みえないものをみせる，これまでの3つと
はちょっと質が違うものです。

　「なぜ」を問うことから，さらに「あなたが心を落ち着
かせる世界はどこか」を考えさせるのです。これは登場人
物の思いとは必ずしも一致しないかもしれません。「自分
はこのような考え方が好き」「結果がどうであれ，こうい
う生き方がしたい」というような「心の拠り所」を明らか
にしていく作業です。

　渋沢栄一は「人物観察法に就ては，孔夫子が説かれてあ
る遺訓に基き，その為す所を視，その由る所を観，その安
んずる所を察する，視，観，察の三法に依らねばならぬも
のである」と，その著『論語と算盤』に書いています。

　渋沢の言っている「孔夫子」とは言うまでもなく孔子で
あり，その遺訓集とは，論語です。論語は孔子が書いたも
のではなく，彼の弟子たちが彼の言葉をまとめたものです。
その論語の「為政第二」に次のように書かれています。

　論語「為政第二」
　「子曰，視其所以，観其所由，察其所安，人焉廋哉，
人焉廋哉。（子曰く，其の為す所を視，其の由る所を
観，其の安んずる所を察すれば，人焉んぞ隠くさんや，
人焉んぞ隠くさんや）」

　これを私なりに解釈すると，「人物を見極めるときに，

その人がしていることだけを注視するだけでは足りない。その人がなぜそのような言動をとっているかという理由を観（み）ようとすることで，その人物の真意がわかってくる。しかしそれでもまだ足りない。その人が一連の言動のどこに安らぎや喜びを感じているかを察することで，その人がどんな人間なのか，信ずるに足る人物なのかが，隠しようもなく露わになる」ということだと捉えています。

　そして，これは人物を見極める際の基準としてかかれているものですが，そのまま教材を読む視点としても共通すると思いますがいかがでしょうか。なぜなら，教材の中にも「人」が描かれていたり，「人」がつくったものや「人」が受け止めた現象がかかれていたりするからです。

　だからこそ，教材を通して，そのかかれている事実だけを受け止めさせたり，登場人物の粗々の気持ちを聞いたり，状況を把握・確認したりするだけの発問で授業を展開することは避けるべきなのです。いわゆる「見える世界」を相手にした発問，「近い発問」ですね。

　「見える世界」から入るものの，そこから「登場人物はなぜそのような言動をとったのか」「その行為行動を生む心は何なのか」「主人公はその行為のどこに喜びを見出しているのか」等に対して発問を通して明らかにしていくことこそ，その教材の本当のよさを引き出し，明らかにし，意味づけし，共有していくことになると考えます。

　そのような発問を，「大本（おおもと）の心を明らかにする発問」などと呼ぶことがあります。また，それはジャンル的には

「分析的な発問」ということになるでしょう。

　これを道徳授業に当てはめるとどうなるか考えていきましょう。

　「ぐみの木と小鳥」という教材があります。１，２年生では定番中の定番ですね。教科化される前の副読本時代から数多くの実践があり，展開に関しても「『ぐみの木と小鳥』の発問・展開ならこれ」というものが確立されていたようにも感じます。

　病に伏せているりすを気にかけているぐみの木が，実を分けてあげた小鳥にそのことを話すと，小鳥が毎日ぐみの実を届け，嵐の日も意を決して飛び立つという話です。

　この話の目に見える世界は，

> 小鳥が嵐の日もぐみの木を届けようと飛び立った

というところが一番「目立つ」でしょう。この行為行動をゴール・「お手本」として読んでしまうと，発問は，

> 嵐の日まで飛んでいった小鳥はどんなことを思っていたでしょうか

となり，ゴールは，

> 困っている人がいたら，自分ができることを，たとえどんな困難があったとしても，がんばってしてあげま

ということになってしまわないでしょうか。

　お気づきと思いますが，これではこの教材を通して「親切，思いやり」の本質を学んだことにはならないでしょう。それどころか，「人に親切にすることはよいことだ」を盾にして，子どもたちの行動を規制することになりはしないかと危惧します。これこそが，「価値の押し付け，注入」と言われるものでしょう。

　では，どうすればよいでしょうか。

　「視観察」のものの見方で考えてみましょう。

　「視」は小鳥の行為行動のみを見て，その善し悪しを考える展開です。もちろん悪いことではありません。しかし，それではどんな気持ちで飛んで行ったのかがはっきりしません。嵐だから本当は行きたくないけれど仕方なしに行ったのかもしれません。ぐみの木と約束してしまったから，その義務感からかもしれません。もちろん，人間は弱い心，よき心様々もちあわせていますから（まあ，本教材の場合は鳥ですけれど），それらの気持ちが全くないとは言えませんし，そのような思いをもってはいけないと否定するのもどうかと思います。

　だから，その「なぜ」を明らかにし（これが「観」の話し合い），どの心がよいと思うか，心が安定するかを話し合わせる（これが「察」の話し合い）ことが大切なのです。

　これらを明らかにするための発問は，例えば

> 小鳥は，なぜ嵐の日まで（行かなくてもよいのに）り
> すのもとへ飛び立って行ったのだろう

というような発問です。この類いの発問は，発して終わり
ではなく，そこから出された子どもたちの意見を吟味し，
質的に類型化してやることが大切です。では，実際の展開
を想定しながら説明していきましょう。

〈『』：教師　「」：子ども〉

『なぜ小鳥は嵐の日まで，りすのところへぐみの実を持っ
て行ったのでしょう』

「ぐみの木と約束したからだと思います」

「自分もぐみの実をもらったし，他の人にもあげたいと思
ったのではないかな」

「りすのことが心配だったからだよ」

『なるほど，いろいろな気持ちがあったのですね。

では，「約束を守らなくては」という気持ちと「りすが心
配だから」という気持ちとでは，どちらが強かったと思い
ますか』

「心配の気持ちじゃないかな」

『みなさんそう思いますか？　なるほど……でもどうして
かな』

「小鳥のやさしい気持ちがあるから」

『確かに！　あれ？　ちょっと待てよ……りすのことが心
配ということは，ぐみの実を持っていこうという気持ちと

は違う気持ちなのかな』

「ああ，そう言われればそうだなぁ」

「そうか，小鳥は初めはぐみの実を持っていくことが大事な仕事だったけれど，何度も行くうちにりすのことが心配になって，早くよくなってくれるようにって思って行っていたんだ」

『そういう小鳥のやさしさがあったから，嵐でもがんばってりすの所へ行く勇気が湧いてきたんだね』

　以上の展開はあくまでも一つの「想定」であり，どの学級，どの子どもでも同じような反応をするとは限りません。わかっていただきたいのは，ポイントはこのようなシナリオ通りに授業を進めることではなく，子どもの思考に寄り添いながら，見えないものをみせるための問い返しの必要性です。発問を発して終わりではなく，発問をきっかけに自分が気づいていない世界にまで深く入り込むことができるような投げかけをすることが大切なのです。

時に笑いがこぼれる和やかな雰囲気の
授業中の空気をつくる

問題意識をもって
真剣に教材を読む

知情意の流れを意識した発問

　「知情意」は人間のもつ3つの心のはたらきと言われています。これを授業に当てはめてみましょう。

　「知」は知的理解・分析的な要素が強いですね。道徳的知識や判断力がこれに当てはまるでしょう。

　「情」は感動を伴う人としての心, すなわち「道徳的心情」にスポットを当てる場面。

　そして「意」は, そのような心が自分たちにもあるという自覚のもと, 自らの生き方を自らが決めていこうとする, 明るい未来を展望するような, よりよく生きる意欲です。つまり道徳的実践意欲と態度ということになります。

　これらは独立しているというより, 深いつながりがあると考えます。子どもたちの思考の流れを考えてもそうでしょう。知的に「わかったぞ, そういうことか」と納得するから情が動いて「わあ素晴らしいな」と思い, だからこそ誰に言われたではなく, 自らの求める心に向き合いながら前向きに生きていこうとする意欲が湧いてくる, というように, 至極自然な流れなのです。これを授業のストーリー性, 子どもたちの意識の流れなどと言うことがあります。

　「二わのことり」を例にとってみましょう。子どもたちの思考の流れを意識しながら, 知情意をもとに3つの発問を考えます。

・知的理解を拡充する発問

　（人には）友だちの気持ちを察しながら自らの行動を決めることができる心のよさがあることがわかる。

・情的深まりを共感する発問

　そのような心をもって友だちに接することのできることに心が動き，自分もそうありたいと思う。

・意欲的高揚を促す発問

　自分も友だちに真摯に向き合い，共に高め合って生きていこうとする。

　このように，意識の流れを汲みながら考え，ねらいに反映させると，自ずと授業展開がみえてきます。それをそのままねらいとして設定することができます。これを「ねらいの具体化・複数化」（※新宮弘識）と言います。

　指導案にねらいをかくときは，学習指導要領にかかれている内容項目の解説の文言をもとにすることが多いと思いますが，それをさらに詳しくしたものと言えるでしょう。よく授業後の研究協議などで「本時の授業でねらったのは，①判断力を育てることか，②心情を耕すことに重きを置いたのか，それとも③道徳的実践意欲と態度の育成だったのか」などという議論がされることがありました。しかし，この3つは独立して語られるものではないでしょう。

　心を理解した上で，情に言及していくと自ずとそれは自分自身の生き方につながっていくはずです。そう考えると，前述した①②③は授業場面でつなげていくべきと考えられます。（※淑徳大学名誉教授，日本道徳基礎教育学会元会長）

発問の順序性

　このように考えてくると，発問には一定の順序性があるように思います。

> 　登場人物の行為をもとにしてその道徳的意味を検討する。
> 　そこではじめてその行為のよさが理解できる。理解できたということは，その行為を生む心がみえてきたということである。生む心がみえてきたからこそ，その本質は学習者，すなわち子どもたち自身に響き，心が揺さぶられる。
> 　心が動いたからこそ，実践意欲や問題意識がわき，実生活において自らの言動に影響を及ぼすようになる。

　これを新宮は，「行為をとらえて心を考えさせる」という言い方で表しています。これが授業の流れです。つまり，発問には順序性があるのです。

　そのような授業の展開を「道」と呼ぶとするならば，「本立ちて道生ず」（新宮）という捉え方に深く共感できるのです。

　このように考えると，授業の流れだけでなく，授業構想の流れもみえてきます。すなわち，「授業をどうしようか」

「発問をどうするか」という小手先の方法論を論ずる前に，この内容項目をどう捉え，この教材を通して何を考えさせ，気づかせ，何がしたいのかという「本」をしっかりと考えることから始めるべきであるということです。

　「本授業で何がしたいのか」「子どもたちをどの世界に連れて行きたいのか」これらの軸足をしっかりともっていれば，自ずと道は生まれてくる。子どもたちと授業をつくるということは，そういうことではないでしょうか。

　以上のような理論に基づいて考えるとき，発問は自ずと生まれてくるような気がします。

　では，私の授業実践の中から生まれた「良質な発問」の具体を紹介していきましょう。

①「あなたはどう考えるか」を聞いてくれる発問

　どこに何がかいてあるか，どう読み取ったか，一般的な「正解」は何だと思うか。

　この類いの発問は，答えやすいし，堂々と大きな声で発言（発表）することができます。そして，発言の後に「どうしてそう思ったの？」と聞いたとします。すると，子どもたちの反応は，「だって教科書にそうかいてあるから」「道徳的に考えたら，この答えをみんなが賛成しそうだから」といったものになってしまわないでしょうか。

　私は，これを「教材準拠の発問」と呼んでいます。

　「（教科書に書いていないけれど）あなたはどう考えるか」という類いの発問であれば，その反応は言葉を選び，

ためらいながらつぶやくような声で発せられることもある
でしょう。決してきれいな言葉でまとめられるものとは限
りません。100％正解である，みんなから支持される考え
方ではないかもしれないからです。しかし，掛け値なしに
自分で考えた自分の言葉です。そして「なぜそう思ったの
か」と問われれば，「だってなんとなくその考え方の方が
よいと思ったから」「自分もそういう思いをしたことがあ
るから」などと，自らのよき心を重ねながらその発言の背
景を語ってくれることでしょう。

　「教材準拠」に対して，こちらは「子ども準拠」「よき心
準拠の発問」と言ったらよいのではないでしょうか。

　この種の発問に対する反応は，学年が高じるにつれて鈍
くなる傾向にあります。発達段階の特徴もあるでしょうが，
特に「周囲からどう思われるか」に敏感になるあまり，な
るべく目立たないようにしよう，周りに合わせようという
意識がはたらくのです。よくない同調圧力ですね。

　１，２年生はそれが少ないので，自分の感性に真っ直ぐ
に反応します。それがよいのです。子どもたちの感性にき
ちんと向き合うことで，この種の発問は生き生きとし始め
ます。そのためには，子どもたちのよき心から生まれる感
性を信じ，大事にしなければなりません。何を言っても受
け止める覚悟ができていれば，子どもたちの「本音」につ
きあいながら，高みに向かうことができるでしょう。

　ただ，３年生以上ではそのような展開ができないのか
というと，そうではないでしょう。要は，１，２年生の時期

にどこまで自己開示させ，それを意味づけし，異なる意見
や自らの思いを吐露することが恥ずかしいことではないと
いうことを理解させることができているかが重要です。こ
れは学級づくりにつながる視点ですね。

　同じ発問をしても，それを高め合う土壌ができている学
級とそうでない学級とでは，反応が違ってくるのです。

②散々考えた末，たどり着く達成感がある発問

　すぐに答えられるような発問は，誰が答えても同じにな
るということ，つまり明白な答えがある発問です。だから
自信をもって言うことができるのです。このような「答
え」を言い当てさせるような展開を続けていると，子ども
たちの思考回路は，「答えは何か」「先生は何を言わせたい
のか」ということに神経を注ぐようになってしまいます。
特に高学年や中学生は，周囲の反応に敏感になりますから，
発言内容がますます均一化してしまいそうです。1，2年
生の場合はそこまで「忖度」はしませんが，素直にその流
れに合わせようとしてしまいがちです。どちらにしても，
「借り物の話し合い」になってしまう要素があります。

　そもそも，そのような発問は，厳密には発問とは言えな
いのではないかと思います。どちらかというと，発問では
なく質問に近いのではないでしょうか。

　発問とは，読んで字のごとく，問いを発するということ
です。「問い」とは教師のみならず，子どもたち自身もも
つべきものでしょう。というより，「あれ，どういうこと

だろう」「なるほど，それはわかった。だとしたら，これはどう考えたらよいのかな」というように，子どもたち自身が授業の中で「問い」を自覚化するのです。それができて初めて，授業は子どもたち主体に動き始めます。

「ああでもない，こうでもない」と教室の全員が考えを寄せ合い，検討吟味しながら見つけ出していく。だからこそ，「わかった！」「そういうことか！」の達成感は大きくなり，授業が終わっても考え続けるようなこだわりが生まれるのです。

当然のことですが，学ぶ楽しさというのは，自ら問題意識をもち，追究し，見つけ出すところにあるはずです。あらかじめ用意されたルートに乗って，当たり前のこと，差し障りのないことを言い当ててまとめとするような授業では達成感を感じません。

わかりきったことを言う「借り物の言葉」ではなく，自らの問題意識に向き合ったこだわりのある「自分の言葉」で話し合いをさせたいものです。

そのための発問とは何か。「正解」を問う発問でないことだけは確かでしょう。

③自分（たち）で見つけたという喜びがある発問

　子どもたちの「こだわり」はどこから生まれるでしょうか。まずは子どもたちが考えるに足る問い（テーマ）があることがポイントでしょう。

　すぐには答えが見出せないものであること。見出したとしても，さらに疑問や問いが生まれてくるものであること。そのようなテーマを掲げることができたら，半分は成功です。

　子どもたちは「ちょっと待てよ，どういうことだ」「今日のみんなとの話し合いで明らかにしよう」というように，構えが前向きになったり，表情が変わったりします。これがこだわりをもつ子どもたちの様相です。

　そのような問いに向かって子どもたち自身がこだわりをもって動き始めたら，教師は聞き役に回ったり，必要に応じて問い返しや意味づけをしたりしながら，子どもたちの思考の流れに寄り添い，まとめ役に徹することも必要でしょう。ただし，ここは確認した方がよいだろうと判断したら，ためらわずに「ちょっと待った」ができることも大切です。

　教師が必要な手立て，指導は行いながらも，本流は子どもたち自身が見出していくというスタイルを取ることで，子どもたちは自分たちの力で到達し得た結果に満足し，喜びを見出すのです。

　私の教えた大学生が，次のような感想をかいてきたことがあります。

> 　答えが決まっていなくて様々な見方ができる発問を
> 提示し，その答えや価値を探していく活動を児童と楽
> しみたいと感じている。今までぼんやりとした考えし
> かなかったものがはっきりとしてきたとき，既存の知
> 識と結びついて新しい気づきを得たとき，人は喜びを
> 感じて行動を変容させるきっかけとなる。
>
> 　　　　　　　　　　　　　　　　　　（大学２年生）

　人間の行動を変容させる原動力は，喜びなのです。決し
て，危機感や周囲への忖度の心などではありません。

④人間性を土台に据えた発問

> 　道徳は人生の土台だと思っています。楽しいできご
> とをよりかがやかせて，かなしいできごとには，前を
> 向く力をくれます。　　　　　　（小学２年生　女子）

　道徳授業の振り返りに，このように書いた児童がいます。
２年生での道徳に対する分析を自分なりの感性で捉え，素
敵な言葉でまとめてくれています。道徳を人生の土台だと
思ってもらうためには，それが前提の発問をする必要があ
ると思います。それが，人間性を土台に据えた発問です。
　例えば，「あなたはＡとＢ，どちらの人と友だちになり
たいか。それはなぜか」という発問をしたとしましょう。

これは，ＡかＢを選択させるという方法をとりながら，人間としてどちらの生き方に共感し，自らそうありたいと思うかを問うているのです。ここで問われるのは，何が正解かという判断力ではなく，何を自分の生き方の土台に置くかという人間性に重きを置く発問なのです。

　勘違いしないでいただきたいのですが，「人間性を問う」のではありません。「人間性を土台に置く」のです。この違いは何かというと，「人間性を問う」場合の「人間性」は，できあがっているものというイメージなのに対し，「人間性を土台に」という場合は「あなたの中にある人としてよりよく生きたいという心に問いかけます」というイメージなのです。

　具体的に説明します。子どもたちの多くが「親切はよいことだ」という趣旨の発言をしたとします。その中でＡ君が１人だけ「親切はよくない」と言いました。全体の空気が変わります。

〈反応①〉
え，Ａ君何言ってるの。そんなことあるわけないよ。

〈反応②〉
え，Ａ君はどうしてそういうことを言っているのかな。わけを聞きたいな。

反応①と②，どちらが人間性を土台に置く発問なのかは言うまでもないでしょう。

⑤授業前には考えもしなかった気づきを得ることができる発問

教科として行う授業である以上，授業を通して「わかった」があるべきでしょう。道徳の場合は，他教科のようにこれができれば合格というような明確な基準がありません。だから，「何がわかったか」「豊かな人間性を育むことができたか」「新たな見方・考え方を獲得したか」などについて，授業を通しての自分自身の成長を自覚させることが肝要です。

授業前と授業後の自分を比べさせ，変容を自覚させることで，本時の学びが明確になり，授業をする意味を前向きに捉えるようになります。当然ながら，そのような手応えを感じながらの授業は，子どもたちをより前向きにするでしょう。

導入時と終末時に同じ問いを出して考えさせることも，本時の学びを明確に自己評価させる意味でも効果的な方法です。

⑥「それいいなあ」「そうしよう」を導き出すことができる発問

道徳授業の目的は，子どもたち一人ひとりが，実生活でよりよく生きることができるようになることと言ってよい

でしょう。人から言われた価値観や一般常識に疑問を感じることなく生きるのではなく，自分の人生の主体者として自ら考え，試行錯誤し，自分の生活や社会全体をよりよく変えていくことができるような原動力を育てたいものです。

　そのためには，「北風」ではなく，「太陽」を浴びせる必要があります。道徳の授業で言えば，それが「いいなあ」「そういう人になりたいな」というような，内からほとばしる活力です。それを発揮することが，道徳的実践意欲と態度と呼ばれるものの本来でしょう。

　そのような活力を導き出すことができる発問とはどのようなものでしょうか。例えば，次のようなものはどうでしょう。

「この教材の中の『いいなあ』はどこにあるか」
「その『いいなあ』は私たち自身も幸せにするか」
「それはなぜか」
「その『いいなあ』を実現する力が自分たちにもあるか」

　この「いいなあ」が，太陽です。ここで注意が必要なのは，「いいなあ」には，よき心から出るものと，そうでないものが入り交じっているという認識をすることです。

⑦心が温かくなる発問

> 　失敗を失敗と受け止めて，次に自分を変えられる人こそ，礼儀正しさに近づけるのだと，肝に銘じました。「なやんだ末，もしあやまることができなかったらどうする？」先生のこの質問にあたたかさをたっぷりと感じました。
>
> 　成長できるチャンスは一度だけじゃない。失敗をしても，変えたいという強い思いさえあれば，どんな自分にも変身できるという自信がもてました。
>
> 　　　　　　　　　　　（２年Ｋ子　原文のまま）

　Ｋ子さんが言うところの「問われて心があたたかくなる」発問とはどんなものでしょう。いずれにせよ，子どもたちの心が明るく前向きになり，そうありたいと思うことができるような心が垣間見えるようです。人から改善点を指摘されて自省することも必要でしょうが，道徳授業の発問は基本的に子どもたちの心を明るく照らす指標を見つけさせるものでありたい。そのような発問ができれば素敵だと思いませんか。

　では，どのような発問がそれに当たるのでしょうか。私は，結果の見栄えにとらわれず，過程をみせる（魅せる）ことができる発問であると思います。

　教材には道徳的価値観の高い人物や何かを成し遂げた物語が描かれていることが多いです。一方で，子どもたちは

日々悩み試行錯誤している存在です。当然のことながら，教材の世界と自分自身の世界を比べたら，「もっとがんばらなければ」という気持ちになってしまうことでしょう。つまり，教材の世界の結果が答えだと思ってしまうとつらくなるわけです。「すごいとは思うけれど，自分にはできない」というような発想になってしまい，決して心は前向きにはなりません。

　だから，弱さをもつ人間として考えさせることがポイントなのです。「何かを成し遂げたから」ではなく，不器用ながらも「成し遂げようと，悩み，努力を続ける姿」に価値を見出させたいものです。そのような発問をすると，心が温かくなることがあるようです。

　おそらく，まだまだ発展途上の自分たちができることがあるんだ，よりよくなれるんだと思うことができたら，きっと心は温かくなるのでしょう。

　人生これからの子どもたち，「上手にできなくてもいいんだよ」「この心を大切にしていけば，きっといつかできるようになるよ」と，そっと背中を押してあげられるような投げかけができる教師になりたいものです。

Column

　筑波大学附属小で公開授業をすると，以前は（今もそうなのかもしれませんが）「筑波の子たちだからできるんだよね」というような声を聞くことがありました。私はそんなことはないのではないかなと思っております。その理由は……

　まず，「筑波だから」というのは一つのたとえで，本当は「この学校で一生懸命やってきたからこそ」「私の学級はそれだけの積み上げをしているから当たり前」という思いなのです。つまり「どうしてこんなに自分の考えを積極的に発言するのか」と思われる子どもたち。これはたまたまそういう子たちばかりが入学してきたからということではなく，入学してからそのように育てているからなのです。

　次に，子どもたちは誰でもそのようなポテンシャルをもっているという認識が大事ということです。子どもたち，特に低学年の場合，初めから「こんな感じかな」と，無意識のうちに大人の方でゴール設定をしてしまっていないでしょうか。これでは伸びたくてうずうずしている子どもたちであっても，伸びようがありません。

　私は，飛び込み授業で他校の子どもたちを相手に道徳の授業をさせていただくことがあります。東京のある公立小学校の小学２年生で授業をさせていただいたとき，不思議な感覚に陥ったことがあります。

　「あ，自分のクラスの子どもたちと一緒だ」
と感じたのです。これはとても嬉しい体験でした。

6章

道徳教育と学級づくり

カトちゃんの学級づくり

　学級が成熟していれば，授業はそれに比例して，広がりや深まりをみせ，より豊かになります。授業が充実すれば，その結果として日常生活や学級の基盤がますます盤石なものとなるでしょう。つまり，両輪です。

　教科の中でも道徳授業と学級づくりは親和性が高いと言えるでしょう。それは，道徳の授業で考えたことを実践する場が学級だからです。他教科他領域の中で行う道徳教育があるように，当然のことながら，学級や日常生活の中で行う道徳教育もあります。

　道徳授業で要となる考え方を共有します。そして，道徳の授業で考えたことが本当にそうなのかを確かめる場として一番身近なのが学級です。

　道徳授業は学級担任がする方がよいと言われるのはそのためです。授業で学習したことが子どもたちの中で息づき，形として現れてくる現場をキャッチし，すかさず意味づけしたり共有したりできるのは担任だからです。

　このように道徳授業が充実してくると，日常生活の質が変わります。それはそうでしょう。授業で大切だなと感じたことが，日常においても取り上げられ，意味づけされ，価値を共有できるのですから。すなわち，実感を伴う学びですね。

　右の写真は，掃除の後，雑巾を片付けている姿ですが，機械的にラックにかけるのではなく，次に使いやすいように整理している様子がわかります。何気ない光景ですが，どうすることがみんなのため，自分のためになるのかを，指示されなくても自ら考え，実行に移すこと，これが生きてはたらく力ですね。

エピソード１
劇づくりは学級づくり―２年生―

　「学級づくり一番の方法は学芸会をすること」これは，昔からよく言われてきたことだと思います。

　これの真意は何でしょうか。様々あると思いますが，一つの目標に向かってみんなで力を合わせる過程，つまりつくり上げる共同作業が大切なのでしょう。その過程が充実していればいるほど，できあがったときの喜びもひとしお，観客の拍手も一際嬉しく感じられるのではないでしょうか。

　つまり，いかに子どもたち自身の活動とするかがポイントとなります。そのために教師がすべきことは何なのでしょうか。いろいろあると思いますが，次のようなステップを踏むことができるとよいと思います。

①ゴールを共有する

　まずはいつまでに，何のためにこれからの活動をするのかを知らせます。これは，問題意識を共有するということです。

②子どもたちに任せる

　シナリオから子どもたちのアイデアを募りながら作成していきます。つまり，「あなた方に任せるよ」というメッセージを行動で伝えるのです。ここで重要なのは，「任せ

たら任せきる」という覚悟です。口では任せると言っておきながら，結局は教師が決めてしまったり，子どもたちに無断で変更したりしては台無しです。

③教師は手を抜かず，「暗躍」する

　子どもに任せると言っても，教師が何もしないということではありません。任された子どもたちが活躍できるように，子どもたちに気づかれないように「暗躍」する必要があります。

④子どもたちを「いい気」にさせる（その気にさせる）

　任された子どもたちが達成感や喜びを感じながら活動を続けられるように，「いい気」にさせることも大事です。もちろん，根拠のないほめ言葉はいりません。事実として伝えるのが一番でしょう。例えば，動画に撮っておいて保護者に観せてコメントをいただき，それを伝えるのもいいでしょう。

⑤子どもたちを活動の主体者にさせる

　要は子どもたち一人ひとりが活動の主体者担っているかどうかです。主体者になっていれば，うまくいったときはもちろんのこと，そうでないときも問題点を洗い出し，解決しようという意欲が生まれるでしょう。

劇完成までの道のり

6月　シナリオづくり

　全員にアイデアを募集し，それをもとに私が完成させました。完成といっても80％です。残りの20％は練習しながら子どもたちの様子を見て，修正したり補足したりしていくイメージです。

　子どもたちの多くは，「道徳でやった『ぼくのまちも，ひかってる！』をやりたい」と，道徳の授業で心に残っている教材をモチーフにして劇をつくりたいと言いました。このように，授業がつながってくるためには，日頃から問題意識が継続するような授業をすることが大切でしょう。

　「ぼくのまちも，ひかってる！」は，郷土愛がテーマの教材でした。そこで，３つの町に分け，「それぞれの町（人）の光っているところの再発見」をストーリーにすることにしました。それぞれの町に特徴（持ち味）をもたせ，初めは対立していた３つの町が，それぞれのよいところを認め，補い合いながら試練を乗り越え，団結していくという内容です。子どもたちも３つの町どれかに所属してもらい，各チームでの練習を自主的に進められるようにしました。このように，グループでの活動を取り入れることで，自発的な練習を促すことができます。

7月　発声練習・役づくり

　各自に所属する町の中でのエピソードを演じさせ，自分たちでセリフ回しと動きを考えるようにしました。その過程で，グループ内や家庭での「自演」をさせ，互いの演技

についてアドバイスし合うようにしました。

8月　個人練習

　夏休み中は，家庭での自主練習をしてもらいました。ご家族にお願いして観てもらうようにしました。

9月　運動会

　一大イベントの運動会シーズン。練習はちょっとお休みです。

10月　舞台練習

　いよいよ舞台での通し練習です。通した後，「ダメ出し」をして修正していきます。毎回やるたびに修正箇所が出てきます。修正箇所を共有したら，グループに分かれての個別練習をします。衣装・小道具つくりも同時進行で行いました。「このシーンにはコーヒーカップがあった方がいいね」などと意見を出し合いながら，小道具もその場でイメージし，作っていきました。

11月　本番

　そしてついに本番。どの子も，自分のセリフではない友だちのパートも覚えるくらい，ストーリーを把握・理解しての本番。緊張しながらも，それを力にかえて頑張りました。どの子も張りのある声で，楽しみながら演技をし，観客の反応も受けながら演じきりました。観ている人のリアクションを肌で感じながら演技をすることができるのが，舞台の醍醐味の一つでしょう。ハマります。

> 「観ている人に伝わりやすい身ぶり手ぶりはどんなも

の？」

「おたがいによいところを伝え合うことで自信になって，もっともっと成長できる」

　国語や道徳，今まで４部のみんなで大切にして，取り組んできたことすべてが「わっしょい」のげきになったのだと気づきました。

　「動きが大きくなって，見ている人もきっと楽しい気持ちになるね」

　「私もみこし作り，手伝おうか」

　練習を重ねるたび，友だちの工夫をしたところに気づき合えたり，グループがちがってもじゅんびを手伝い合えるようになりました。みんなの気持ちが一つになっていくことが感じられました。

　リレーのように一人ひとりの気持ちがのったセリフをつなげ合うとき，「みんなが一緒にいてくれる！」と力強く，舞台で胸を張ることができました。本番をこえたということは，お父さんお母さんの協力のおかげでそろった道具やみこしに会うことはなくなり，毎日目を合わせて笑い合い，しんけんな思いで重ねた練習もなくなることに気づき，さびしくなりました。しかし，気持ちを一つに一生けん命に取り組むことで，みんなからもらえた自信はなくなりません。ありがとうの気持ちとともに，ずっともち続けたいです。

（２年Ｋ子）

　約半年かけて仕上げた劇づくりでした。このような体験
は，子どもたちに大きな力を残してくれます。例えば，み
んなの力でやりきったという自信と団結力。これらは他の
活動に転移します。

　私の学級では毎月１回，学級活動の時間に誕生日会をし
ていますが，その中の出し物に班ごとの発表があります。
その班ごとの出し物をオリジナル劇にする班が増えました。

　今日，おたん生日会がありました。わたしたちのだ
い名は，「スキー合しゅく」というだい名です。メイ
ンを考えるとき，「道とくみんな好きだから道とくに
かんするげきがいいよね，みのまわりでも道とくにか
んすること，いっぱいあるね」

　でも，「友だちの大切さがいいよ。友だちをつくっ
たぼくらができることだから」と言いました。道とく
を学んだ人だからこそできるげきです。もしもだれか
がころんだときに，すぐたすけられることのスキーば
んです。

　本番は，８ぱんぜんいんで学びを生かすことができ
てよかったです。１月のおたん生日の人，おめでとう
ございます！　　　　　　　　　　　　　（２年Ｍ子）

　これまでも劇の発表はありましたが，その完成度が飛躍
的に向上したと感じました。次第に教師が口出しをする割
合が減っていくことも嬉しいことです。

エピソード2
道徳 × 国語・授業コラボ

　2年生の国語の教科書に「ないた赤おに」が掲載されています。国語の授業をしているときに，Hさんが次のような感想を国語のノートにかいてきました。

　赤おにと人間は，本当の友だちになれたのでしょうか。人間は毎日赤おにの家にやってくるようになりました。しかし，教科書にあるのは，ごちそうをほめる文ばかりです。赤おにの中身を見ていないように思えます。道徳のやまがらとうぐいす（二わのことり）のようです。

　私は，赤おにがうそをついたからじゃないかと思います。青おにから村人を助けたわけではないのにそう思われています。

　正直に人間と話していないから，赤おにのいいところも伝わらないのでしょうか。正直に向き合うか，うそをついたことを人間にも青おににもあやまれば，何かが変わるかなと思いました。

　これが道徳授業の始まりになりました。道徳の教科書にも「ないた赤おに」は扱われています。ただそれは，3年生だったり，中学校だったり，学年はバラバラです。私は

このチャンスに，小学校2年生でもできるのではないかと考え，国語と関連させる形で道徳の授業を行いました。

　テーマは「本当の友情とは何か」という感じでしょうか。でも，それでは2年生の子どもたちにピンとこないのではないかとも思います。そこで子どもたちの言葉を使って「熱い友情」にしました。熱い友情が感じられるのは誰と誰か，それはなぜか，板書を赤おにと青おにの心情ラインを二本線でかきながら考えていきました。

　授業の始めに「熱い友情とは」と子どもたちに問うと，「助け合える」「相談できる」などと答えます。とすると，赤おにと青おにが助け合ったり相談し合ったりしているのは最初の場面ですから，熱い友情が感じられるのは最初のときだけということになってしまいます。

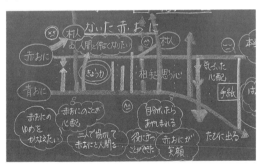

　子どもたちは，どうもそれではおかしいということになり，互いを想う矢印をかきながら考えていきます。道徳ノートに各自が思い思いの矢印をかきながら，黒板に出てかいてもらうという活動を同時進行で行いました。すると，写真でもおわかりのように，最後の方にいくにつれて，互

いの想いの線は濃く，太く，長くなっていくのです。これはどういうことでしょう。かきながら「おや？」と思う瞬間です。でもそこから次第に，「本当に思い合う，助け合うというのはどういうことか」について考えを深めていくことができます。

　自ずと「わかった！」が増えてきます。初めは思いつかなかったような世界に入り始めるのです。

　友情とは何かを考えさせられました。友情は相手を思う感情のことだけど，目には見えないものなので，とてもむずかしいと感じました。青おには，赤おにへの友情がとても強くて，赤おにのためを思って強いいしで行動したところがよいと思いました。

　赤おには青おにが遠くに行ってしまうまで，そのあつい友情には気がつかなくてざんねんだったけど，最後は気づくことができてよかったです。心の中は見えないけど，友だちのために行動したり，友だちにかんしゃを伝えたりして，４部の友だちと友情の花をさかせたいと思います。ぼくも友だちを大切にします。

（K太）

　授業中，「きずな」という言葉が子どもたちから出てきました。黒板を見ながら感じたのでしょう。このように，板書を通して気づきが増えることもあります。

わたしは，今日やっと気づきました。

きずながなくちゃ本当の友だちじゃないんだなと思いました。わたしもそういうやさしい思いやりで人をたすけ合える人になりたいし，みんなでどんどんレベルアップしていきたいです。
(M子)

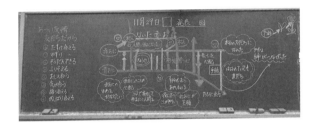

今日のじゅぎょうで，あつい友情が伝わってきました。赤おにには青おにがいなくなって，はじめて大切な友だちだと気づいたと思いました。だから青おにの手紙を見て，ぼくはなんてことをしてしまったんだろうと後かいしたと思いました。

もし，このお話のつづきがあるのならば，赤おにが青おにのことをおいかけて，赤おには人間に正直に言って，二人で楽しく遊べたらいいなと思いました。私は，近くにいるのが当たり前と思っている人（先生，家ぞく，友だち）が大切な人だということをわすれないでいたいです。
(K子)

礼儀の授業
２年生　「小さなできごと」

①教材について

　登場人物である女の子がバス内でおばさんの足を踏んでしまい，とっさに謝ることができずに立ちすくんでしまう。おばさんの顔を覗き込むと，なんだかこわそう。どうしようか迷っているとき，お母さんから「人に迷惑をかけたら，わざとじゃなくてもちゃんとあやまりなさい」と言われたことを思い出す。女の子が勇気を出して謝ったところ，おばさんもにっこり笑顔になり，胸の中がおせんたくしたみたいにスーッとなったという話です。

②内容項目と授業構想

　礼儀正しいとはどういうことでしょうか。

　きちんとした挨拶をすることや，その場にふさわしい所作を弁えた言動をとるなど，様々な様相として言い表すことができることでしょう。相手に失礼なことをしてしまったら謝る。これも礼儀正しい振舞いであることは当然のことです。

　学習指導要領，１，２年生の内容項目の一覧には，「気持ちのよい挨拶，言葉遣い，動作などに心掛けて，明るく接すること」とあります。

　確かに礼儀はこのような動作として現れるものであり，

それを見て，「この人は礼儀正しい」とか「素敵な挨拶ができる人だ」などと評価するものです。

　このように考えると，本教材の主人公である女の子は，決して礼儀正しいとは言えなくなってしまいます。なぜなら，おばさんの足を踏んでおきながら，すぐに謝罪の態度や言葉を表していないからです。本教材のような描かれ方がされている場合にねらいとされるものは2種類あると思います。1つは「これからはわざとではなくても相手に何か失礼なことをしてしまったら，すぐ行動に出して礼儀正しくしましょう」というもの。2つ目は「行動のもとにある心にスポットを当てて，ただ謝るだけではなく，その言動に自らの気持ちを添えることを意識しましょう」というものです。

　両者の違いは何でしょう。端的に言えば，行為行動と心，どちらに焦点を当てるかということだと思います。前者のように行為行動にスポットを当てる場合，展開としては「このようなとき，どのような対応をしたらよいかを考えさせ，そのような言動をつつがなくできるようにするために」という感じになるでしょう。それに対して後者は「悩みながら一生懸命考え，遅まきになってしまったけれども自らの心に従って行動に移すことができた女の子のよさを考えさせる」という展開になります。

　本教材ならびに礼儀という内容項目特性を鑑みた場合，私は後者で展開することで，より深く人間理解を促進させ，自分ごととしてよりよく生きようとする心構えを育むこと

ができると考えます。では後者の考え方で展開する場合，
どのような発問が考えられるでしょうか。

③本時の発問

【発問①】女の子の「いいなあ」と思うところはありま
すか。

　この発問をする意図は，女の子のできなかったことを指
摘して，「そうならないようにしましょう」というような
反省材料にするのではなく，人間的に共感したり，自らを
励ましたりできるようにもっていきたいということです。

【発問②】もし，すぐに「ごめんなさい」を言うことが
できていたら，女の子はもっと礼儀正しくできたと言えま
すか。

　女の子は悩み，ためらい，すぐにおばさんに「ごめんな
さい」を言うことができませんでした。その場面を取り上
げて「もし」を問うのです。この発問の意図は，教材には
描かれていない世界との比較をさせることにより，女の子
の心の動きをより鮮明にさせようというものです。

　この発問に対して，読者のみなさんはどのようにお考え
になるでしょう。文字通りに考えれば，「気持ちのよい挨
拶，言動」ができているのは「すぐに謝る」ことができて
いる方だから，それに比べて女の子はあまり礼儀正しくな
いと言えるでしょう。ここからが問題です。それですっき
りするのかということです。

　「確かにすぐに謝った方が礼儀正しいことだとは思うけ

れど…」

　となりはしないでしょうか。このこだわりというか，ひっかかりを起こすもとに「美意識」の存在があるのではないかと考えます。これは「人間性」とか「よりよくあろうとする心」などと同じ質のものでしょう。

　では，子どもたちは何と答えたでしょうか。授業の実際を紹介しましょう。

④授業の実際

【導入】

〈『』：教師　「」：子ども〉

『礼儀正しい人ってどういう人だと思いますか』

「思いやりのある人」

「あいさつができる人」

「おれいが言える人」

「人との関係がとれる人」

【展開】

『「わたし」は礼儀正しいと思いますか』

「思う」

『だけど，すぐに「ごめんなさい」ができていませんよ』

「でも，いろいろ迷ってから，勇気を出して自分から思い切って言うことができたよ」

「わざとじゃないけど，ごめんなさいができた」

「お母さんに言われたことを思い出した」

『ああ，そうか。お母さんに言われたことを思い出したからか。ということは，お母さんに言われたから「ごめんなさい」ができたんだね』

「そうかもしれないけど，それだけじゃない」

（この辺りの子どもの思考が面白い。確かにお母さんに言われたことがきっかけなのだけれど，「わたし」が自分で考えて行った行動であるところによさを見出しているのです。これこそが「美意識」からくる思考ではないでしょうか。）

『「わたし」はなぜあやまることができたのだろう』

「「ゆるしてもらえるかな」「そのままにしたくない」などと思ったから」

『自分で考えたんだね』

「そう。だからすっきりしたんだと思う」

「自分が言えたと思った」

『もし，迷わずにさっとすぐに「ごめんなさい」を言うことができたら，そっちの方が礼儀正しいことになるかな』

「う～ん，それはそうかも」

「でも，「わたし」も礼儀正しいと思う」

『なぜですか。初めは言えなかったのですよ』

「でも，思い切って自分から言うことができたし…」

（この辺りの子どもたちの発言は歯切れが悪い。しかし，その歯切れの悪さはしっかり考えているからこそだと思います。うまく言えないけれど，そうじゃないんだということをなんとか言語化しようとしているのです。）

『このような挨拶ができる人だったら，この後どうなると思いますか』

「自分に自信がもてる」

「これからも気持ちのこもったあいさつができると思う」

「相手の気持を受け止めて自分もひとこと言えるようになる」

【終末】

※最後に，追い打ちをかけるように，次の問い返しを行いました。

『じゃあ，あやまろうか迷ったけれど，結局「ごめんなさい」が言えなかったら，「わたし」は礼儀正しくはないですか』

「う～ん…」

（さすがに子どもたちはこの問いには「そう」とも「ちがう」とも反応しませんでした。時間も来ていたし，ここまでは追求しなくてもよいと判断し，本時はここまでにしました。）

『今日はここまでにしておきましょう。この後も考えて，何か思いついたら教えてくださいね』

⑤板書構想

　同じように「ごめんなさい」を言う場合でも，「素早く反応して言う」場合と「悩んでためらった上で言う」場合とを比較させるために，黒板に2つの矢印を色を分けてかき，「どちらがよいか，それはなぜか」を聞く展開にしました。

　このような発問展開の場合，板書を図式化して視覚に訴えながら考えさせることで，わかりやすく，考えやすくなると思います。板書の横書き，図式化はそれなりに意図をもって行うことが大切です。

　本時では，写真のように同じゴール（「ごめんなさい」）に向けて2本の曲線を引きました。上の線は，すぐにあやまる理想のライン，下の線は教材に描かれているラインです。そして上と下の比較をさせました。「どちがよいか」と聞かれれば，それは上のラインが理想ですから，上と答えるに決まっています。と思いきや，子どもたちは下のラインにこだわるのです。これは前述したとおりです。

⑥子どもたちの道徳ノート

授業中も盛んに発言して意見交流した子どもたちですが，道徳ノートを家に持ち帰り，さらに考えを深めて持ってきました。

私は，女の子があやまって，おばさんのにっこり笑顔が見れたことがうれしいと思いました。女の子もおばさんも，気持ちをうけとってもらえて，気持ちがスーっとなったと思います。

私もそうなったことはあるけれど，気持ちをうけとめられたか自分でもわかりません。でもこのお話を読んだ後なので，きっとこれからは気持ちをうけとめたり，気持ちをこめてあやまったりできるようになった気がしました。

前回の授業のとき，ぼくは「ごめんなさいとすぐに言うのはもちろんよいけれど，いろいろ考えてから相手に伝えた方が気持ちが伝わる」と発言しました。で

も，今は本当にそうかな？と少しぎ問が出てきました。

　何でも言葉や行動で表さないと，自分の心の中は相手に伝わりません。もし，いろいろ考えているうちに相手がどこかへ行ってしまったら，あやまることもできなくなってしまいます。

　自分の心の中も相手の心の中も，目に見えないものだから，言葉や形で表現することが大切なので，ぼくもこれからしっかり表していきたいと思いました。

　私は，帰るとき，（私のマンションの）外に出ているおばさんに「こんにちは」と言ってみました。そしたら，おばさんがやさしく「おかえりなさい」と言ってくれました。私はこの前まで，知らない人にあいさつができていなかったから，自分がレベルアップできてよかったなと思いました。

　失敗を失敗と受け止めて，次に自分を変えられる人こそ，礼儀正しさに近づけるのだと，肝に銘じました。「なやんだ末，もしあやまることができなかったらどうする？」先生のこの質問にあたたかさをたっぷりと感じました。

　成長できるチャンスは1度だけじゃない。失敗をしても，変えたいという強い思いさえあれば，どんな自

分にも変身できるという自信がもてました。

　発問次第で授業の流れは大きく変わります。本質を追究するような発問，子どもたちが問いを抱くような発問，自分ごととして深く考え，授業が終わっても問い続けるような発問，発問には様々な要素が求められます。

　けれど，なんと言っても一番大切なことは，「あたたかさをたっぷりと感じられる」ような発問ではないでしょうか。これはとりもなおさず，「人間としてほっとできる発問」だと私は思います。

Column

　P124で，公立の2年生の授業をしたときあたかも私の
クラス（筑波大学附属小学校2年生）に接しているような，
不思議な感覚に陥ったという話をしました。

　これは，そのクラス，学校がそのような土壌を事前につ
くっていたということもあるでしょう。

　また，子どもたちは誰でも伸び伸び考え，自由に発言す
るポテンシャルをもっているということもできます。筑波
だからできるということではないのです。

　子どもたちを信じて，きちんと育てれば，誰だって大き
く花開く，教育にはその力があると信じて子どもたち向き
合っていきたいものですね。

　飛び込み授業が終わり，子どもたちが下校するとき，
「カトちゃ〜ん，ばいば〜い！」と手を振って帰って行く
子どもたちを見送りながら，私のクラスの子どもたちが重
なってきて，「あ，今自分はどこにいるんだっけ？」と錯
覚してしまうほどでした。

　様々な学級，子どもたちの実態があることでしょう。そ
れぞれの学級の子どもたちの思いを受け止めながら，日々
尽力される先生方に頭が下がります。一人ひとり違うとは
いえ，共通することもあると思うのです。

　それは，誰もがよりよく生きたいと願っているというこ
と。「この子は…」という児童理解は必要ですが，無意識
のうちに決めつけてしまっていないか，謙虚に，初心に返
って向かい合ってみるということが大切なのではないかと
思います。

終章

未来へつなげる

低学年にとっての学び

　以上，小学校１，２年生の道徳授業の勘所について述べてきました。単に登場人物の気持ちを聞くのではなく，気持ちを聞く（おさえる）にしても，なぜそのような気持ちになったのかを理解するところから始めることが肝要だということをお伝えしてきたつもりです。以前は，「道徳の授業で『なぜ』を聞いてはいけない」という定説があったように思います。しかし，気持ちのおおもとの部分を明らかにするためには，「なぜ」を問わないわけにはいきません。また，「あなたは『なぜ』そのように思ったのか」「『なぜ』登場人物の言動に魅力を感じたのか」を問うことで，自らの価値観を対峙させることができるはずです。

　低学年には難しいと言われてきた，「なぜ」を問うような知的理解を促す分析的な問いは，心を取り上げる道徳授業の中でどのように位置づけたらよいか，もっと議論されてしかるべきだと思います。私は低学年だからこそ可能なこともあると思っています。学級や児童の実態を把握し，発達段階を考慮して授業を行うのは当然のことですが，「発達段階としてこのくらい」と見限ってしまうのも考えものです。

　低学年の子どもたちの純粋で真っすぐによさを見極め，近づこうとする気質こそ，私たちが授業を行う際に一番大

切にしなければならない要素かもしれません。

　「あなたがたの考えていることは素晴らしい未来を見据えているんだよ」と，授業を通して子どもたちに伝えたい。そのような可能性を信じるメッセージは，子どもたちに確実に伝わり，一人ひとりが自覚と自信をもって学校生活を送るための根源的な力になると思っています。

　１，２年生のときに，このような「自分」を育てることができると，３年生になってからの生活にも大きな影響を及ぼしてくると思います。

　本校は１年から３年まで持ち上がりのシステムをとっており，現在私は３年生の担任です。参考までに，３年生での子どもたちの姿を紹介して終わりたいと思います。

3年生（中学年）への橋渡し

①日常生活への発展

　私が担任する4部2年（2年4組）の子たちが3年生に
なり，そのまま持ち上がりました。そのときのKくんの日
記です。

「もう低学年ではない」

　かとう先生の言葉に，ぼくははっとしました。

　1年生，2年生からたよられるお兄さんお姉さんと
いうことです。お手本になれるように，しっかりしな
いといけないと思いました。

　お兄さんお姉さんたちにしてもらったように，ぼく
も1，2年生の子たちにやさしくしてあげて，いつで
もあたたかい目で見てあげて，めいいっぱい遊んであ
げて，たよられるお兄さんになりたいです。

　今，3年生は，1年生をむかえる子ども会のために
計画を立ててじゅんびをがんばっています。

　1年生のために全力でもりあげていきたいです。

（3年Kくん　原文のまま）

　1，2年生のときによさを見極める心を育て，自分自身
や友だち，学級，学校の明るい可能性を信じていくことの

できる資質をこそ育てたい。これが「人間性」ではないでしょうか。そのような「人間性」を育んできた子どもたちは，自分の可能性を信じ，「自分ならできる」「この仲間だったらわかってくれる」という確信のもと，よかれと思うことにためらいなくチャレンジしようと思うのではないでしょうか。たとえその結果が思うようなものではなくても，「きっとみんなは応援してくれる」「やるだけやったという充実感を味わうことができる」とわかっているからです。

また，道徳の授業が日常に生きていると実感できることも大切ですね。

> この前，ぼくがトイレに行ったときに，ちょうど用務員さんがトイレをきれいにそうじしてくれているところでした。そこで，ぼくはチャンスと思って勇気を出して話しかけてみました。
>
> 「いつもきれいにしてくださって，ありがとうございます」と声をかけると，
>
> 「いつもきれいに使ってくれて，ありがとう」
>
> と逆にお礼を言われて，ぼくは少しビックリしました。だけど，何だかうれしい気持ちと，これからもきれいに使おうという気持ちになりました。
>
> 道徳でこれまで習ってきたことを，実際の生活の中で生かしてみて，初めてわかることや不思議な気持ち，うれしい気持ちなどを経験することができました。
>
> これからも，ぼくにできることを自分で考えながら

過ごしていきたいです。 　　　　　　（3年男子）

　このように，学びが生きているという実感は，確実に授業と日常をつなぎます。当然のことながら授業に向かう姿勢もより一層真剣になるでしょう。また，それらの様子をご覧になったご家庭での理解も進み，さらに家庭と学校が一体となった教育が可能となることでしょう。

②「学級力」

　これは造語になるのでしょうか。言いたいことは，学級の底力ということです。きっと，学級づくりと授業づくりは両輪ということと同義なのでしょうね。

　けれど，学級づくりというとかなり広義になってしまうので，ここでは授業づくりに直結する学級の力に焦点を当てるため，「学級力」という呼び方をさせていただきます。さて，「学級力」はどのようなもので，いかにして育てていくのでしょうか。具体的に考えてみましょう。

　1年生の入学時のことを思い出してみると，どの子も緊張感をもってきちんと教室に座っていますね。担任の話も静かに聞くことでしょう。指示も通りやすいし，みんなで協力して活動しようともするかもしれません。けれど，この状態をして「学級力」があるとは言いませんね。

　次第に一人ひとりの性格がわかってきたり，仲がよくなってきたりすると，「本領を発揮する」子どもたちが増えてきます。気が緩んでくるのでしょうか，もしかすると話

の聞き方もちょっと落ち着きのない空気感を醸し出す場合もあるかもしれません。この状態の教室は「学級力」があるクラスと言えるでしょうか。言えないでしょうね。でも，入学当初のシーンとした学級に比べると，何か湧き出るものがありそうな気がします。

　この「湧き出てきそうなもの」こそが，「学級力」ではないかと思います。一人では見えないものを見出し，意味づけし，共有することができる力。それができるからこそ，これまでできなかったこと，しようとも思わなかったこと，したくても無理とあきらめていたことに手が届くようになるのです。そのような可能性に満ちたワクワク感を感じられるかどうかです。これらは決して目に見えて数値化できるものではないはずです。よくわからないけれど，感じる力と言ってしまうと，いかにもあやふやでいい加減なもののようにも思われますが，そうではないのです。

　私は道徳専科で，毎日違う学年の様々な学級で子どもたちと相対し，授業をしています。また，飛び込み授業で全国の学校に伺わせていただいて，いろいろな学校，教室を見ています。それらの経験からも，特有の空気感を感じられるようになってきました。

　どの学級にも歴史があり，文化があり，担任の想いがあり，そして何よりも学級をつくり上げている子どもたちの存在があります。それらを感じつつ，授業にいかに生かすかが，教師の指導力となるのでしょう。これは，あらかじめ想定した指導案の中には展開できないストーリーです。

その場の空気感をつかみ，乗っかり，生かしながらつくっていくべきものなのです。

　それは，学級開きの日から，担任と子どもたちとで日々つくり上げてきたものがメインですね。それはそうです。一朝一夕でできあがるものではないし，順風満帆に右上がりに向上するものでもないでしょう。低学年と中学年とでは異なるポイントもあることでしょう。一般的に言われるのは，低学年から中学年，そして高学年へと，次第に自由度を上げていくイメージでしょうか。他律から自律へと言うこともできるでしょう。

　低学年はどうしても「しつけ」的な要素が強くなり，それができあがった上で，自分たちで考えたり，自由な発想で何かを企画・運営したりすることが許されるような気運がないでしょうか。もちろん，そのように積み上げていくべきものがあることは事実でしょう。けれど，では低学年は自分で考えさせたり，任せたりすることができないのかというと，そうでもない気がするのです。

　「低学年（この子たち）には無理」。

　この言葉は使うべきではないでしょう。実際，私は低学年を担任している2年間で，どれだけ子どもたちから刺激を受け，提案され，教えられてきたことでしょう。要はそれを受け取るアンテナを常に張っていられるかどうかなのかもしれません。そして，それらの子どもたちの力は，一人ではなく，学級全体の力となったときに，さらにパワーアップするのだと思います。

　また，この「学級力」は，もっと短い時間でも育てることができると考えています。これは担任する学級では感じにくいかもしれませんが，飛び込みで入る学級で授業をするときに感じます。つまり，45分間でも学級力は育てることができるということです。厳密には，隠れた学級力を引き出すと言った方が適切かもしれません。

　どうしたら引き出すことができると思いますか？

　結構簡単です。これまでのルーティンを破ってみる，それだけです。つまり「こういうときはこうするもの」と子どもたちに指導してきたこと，教師自身が思い込んでいたものを，一旦横に置いておいて，別のことをしてみる（させてみる）のです。例えば，「発言は挙手をして，指名を受けてから起立し，椅子を入れてから発言」というルーティンがあるとします。それを，「思いついたら座ったまま発言してよい」ことにするのです。どちらが子どもの思考や言葉を大事にしていることになるのかは，両論ありそうです。けれど，子どもたちのつぶやきから授業が思わぬ方向に発展したり，深まったりすることは，教師が思う以上にあるのではないでしょうか。

　そのような「意識改革」を低学年のときからしていると，意外とスムーズに中学年への壁を乗り越えることができるようになるかもしれません。

おわりに

「先生（カトちゃん）大好き！」

1，2年生を担任していたとき，この言葉を何度ももらったことでしょう。私のエネルギーの源です。今も毎日のようにもらい続けています。幸せだなと思います。と同時に，子どもってなんて素敵な言葉を使いこなす魔法使いなのかと思います。その言葉の一つに，「セカドウ」があります。

「セカドウ」って何だかわかりますか？

「世界道徳」の略なんです。この言葉は，以前担任していたクラスの子どもの言葉が発端で，それから語り継がれてきました。

自分たちが学んできた道徳は，きっと教室を飛び越えて社会に広がる。世界中に伝えたい，伝えるに足る内容があるということを言葉で表してくれたのです。

今のクラスでは，保護者の皆様にも共有され，同じ方向

を向いて応援してくださっています。なんとも嬉しく，幸せなことです。

KTO（研究会）についてもちょっと説明させてください。

発足は2011年です。初めは研究会の名前を決めていませんでした。「○○道徳研究会」的なものはよくあるかなと思い，思案していたところ，当時調査官を退官されたばかりの永田繁雄先生が「道徳には壁がある，それを扉に変えて開くことが大事」というようなことをおっしゃっているのを聞き，「壁を扉に変えてオープン」がいいなと思ったのです。そして，私の授業の代表的スタイルでもある横書き板書にならって，横書きのネーミングにしたらいいかと思い「K 壁を T 扉に変えて O オープン」というゴロ合わせからロゴを考えました。すぐに「つまり KATO でしょ！？」というツッコミが来ましたが，それも甘んじて受けることにしました！（笑）

何かをつくりあげるには，それなりのエネルギーが必要です。苦労が伴います。でも，その苦労は決して嫌なものではない。ましてや，子どもたちが生き生きと語ってくれる世界がある。道徳授業の可能性を感じることができる授業づくりは，今や私の生きがいになってきました。

その一端を読者の皆様と共有できれば，これほどうれしいことはありません。なんといっても，授業を通して，このような思いをもたせてくれた子どもたちに感謝しています。

ありがとう，みんな大好きだよ！

【著者紹介】

加藤　宣行（かとう　のぶゆき）

筑波大学附属小学校教諭，筑波大学・淑徳大学講師。
スタントマン，スポーツインストラクター，公立小学校教諭を
経て現職。
日本道徳基礎教育学会会長
KTO道徳授業研究会代表
光文書院道徳教科書「ゆたかな心」監修
著書に，『加藤宣行の道徳授業　考え，議論する道徳に変える
指導の鉄則50』『加藤宣行の道徳授業　考え，議論する道徳に
変える発問＆板書の鉄則45』（明治図書），など多数。

X	Instagram	Facebook
@nobrand1960	@kto.nob	@ktodoutoku

小学校1・2年生と
考え、議論する楽しい道徳をつくる

2024年5月初版第1刷刊　Ⓒ著　者　加　藤　宣　行
　　　　　　　　　　　　発行者　藤　原　光　政
　　　　　　　　　　　　発行所　明治図書出版株式会社
　　　　　　　　　　　　http://www.meijitosho.co.jp
　　　　　　　（企画）茅野　現（校正）養田もえ
　　　〒114-0023　　東京都北区滝野川7-46-1
　　　振替00160-5-151318　電話03(5907)6702
　　　　　　　　　ご注文窓口　電話03(5907)6668
＊検印省略　　　　　組版所　株式会社アイデスク

Printed in Japan　　　　　ISBN978-4-18-264620-1
もれなくクーポンがもらえる！読者アンケートはこちらから